Мария Чичерюкина

Быть в паре с мужчиной, оставаясь собой!

AF001754

Мария Чичерюкина

# Быть в паре с мужчиной, оставаясь собой!

Счастливые отношения формируем мы сами. И начинать стоит с себя!

**Bloggingbooks**

**Impressum / Выходные данные**

Bibliografische Information der Deutschen Nationalbibliothek: Die Deutsche Nationalbibliothek verzeichnet diese Publikation in der Deutschen Nationalbibliografie; detaillierte bibliografische Daten sind im Internet über http://dnb.d-nb.de abrufbar.
Alle in diesem Buch genannten Marken und Produktnamen unterliegen warenzeichen-, marken- oder patentrechtlichem Schutz bzw. sind Warenzeichen oder eingetragene Warenzeichen der jeweiligen Inhaber. Die Wiedergabe von Marken, Produktnamen, Gebrauchsnamen, Handelsnamen, Warenbezeichnungen u.s.w. in diesem Werk berechtigt auch ohne besondere Kennzeichnung nicht zu der Annahme, dass solche Namen im Sinne der Warenzeichen- und Markenschutzgesetzgebung als frei zu betrachten wären und daher von jedermann benutzt werden dürften.

Библиографическая информация, изданная Немецкой Национальной Библиотекой. Немецкая Национальная Библиотека включает данную публикацию в Немецкий Книжный Каталог; с подробными библиографическими данными можно ознакомиться в Интернете по адресу http://dnb.d-nb.de.
Любые названия марок и брендов, упомянутые в этой книге, принадлежат торговой марке, бренду или запатентованы и являются брендами соответствующих правообладателей. Использование названий брендов, названий товаров, торговых марок, описаний товаров, общих имён, и т.д. даже без точного упоминания в этой работе не является основанием того, что данные названия можно считать незарегистрированными под каким-либо брендом и не защищены законом о брендах и их можно использовать всем без ограничений.

Coverbild / Изображение на обложке предоставлено: www.ingimage.com

Verlag / Издатель:
Bloggingbooks
ist ein Imprint der / является торговой маркой
OmniScriptum GmbH & Co. KG
Heinrich-Böcking-Str. 6-8, 66121 Saarbrücken, Deutschland / Германия
Email / электронная почта: info@bloggingbooks.de

Herstellung: siehe letzte Seite /
Напечатано: см. последнюю страницу
**ISBN: 978-3-8417-7145-2**

Copyright / АВТОРСКОЕ ПРАВО © 2013 OmniScriptum GmbH & Co. KG
Alle Rechte vorbehalten. / Все права защищены. Saarbrücken 2013

Оглавление.

Предисловие…………………………………………………………...5

Глава первая. Отношения мужчины и женщины.

1. Инициация* зрелых отношений мужчины и женщины через танго…………………………………………………………..7
2. Как воспользоваться мудростью, когда её не хватает?……………………………………………………...11
3. А у тебя есть примеры по-настоящему счастливых отношений?...................................................................................14
4. Как женщине относиться к своему мужчине?......................................................................................15
5. Женская энергия и семейная жизнь……………………………19
6. Что говорит про зрелость ваших отношений Ваша ревность?......................................................................................22
7. «Наслаждайся своим мужем сейчас, ибо рано или поздно ты с ним расстанешься!»………………………………………….25
8. Что стоит на пути счастливых отношений мужчины и женщины?……………………………………………………27
9. Три волшебных слова, чтобы отношения в паре удались. Первое слово......................................................................................29
10. Второе волшебное слово……………………………………………………….31
11. Третье волшебное слово……………………………………………………….33
12. Сила прощения и её влияние на отношения!......................................................................................34

13. Первый принцип гармонии в паре. ………………………………36

14. Второй принцип гармонии в паре……………………………………………………………………...37

15. Третий принцип гармонии паре……………………………………………………………………39

16. Четвёртый принцип гармонии в паре……………………………………………………………………..42

17. Пятый принцип гармонии в паре……………………………………………………………………...44

18. Любовь зрелая и незрелая…………………………………47

19. На пути к близости – быть вместе, но оставаться собой!………………………………………………………………48

20. Почему мы не понимаем друг друга?...............................................................................50

21. Своя территория. Когда важно остаться наедине с собой………………………………………………………………53

22. Близость в нашей жизни……………………………………………………......................56

Глава вторая. Самосовершенствование или как избавиться от своих тараканов.

1. Есть ли место счастью в твоей жизни?...............................................................................65

2. В каком состоянии твой Ян?......................................................................................68

3. Все мы хотим одно и того же!..........................................................................70
4. Как увеличить потоки радости в своей жизни!.......................................................................72
5. Помоги мне! Я без тебя не выживу!....................74
6. Как быть хорошей…(женой, мамой, сестрой и т.д.)…………………………………………………...77
7. Баланс между "надо" и "хочу"…………………...80
8. Знаки нашего тела……………………………….84
9. Для чего мы стремимся угождать другим людям?..................................................................87
10. Твоё женское достоинство!...............................91
11. Что ты излучаешь?.............................................94
12. Свобода быть собой!...........................................97
13. В день всех влюблённых хочется сказать………………………………………………99
14. Откуда черпать вдохновение?...............................................................100
15. Создать себе праздничное настроение!...............................................................103
16. Как привнести немного волшебства в свою жизнь?..................................................................104
17. Ты женщина! А как ты это поняла?..................................................................107

18. Что нам нужно для достижения целей?....................................................................110
19. Твоё самое опасное заблуждение!..........................................114
20. Какую роль в твоей жизни выполняет мужчина?......................................................116
21. Я очень начитанная, и очень несчастная!..............................................118
22. Я ль на свете всех милее?.........................120
23. Куда тебя загоняет стадное чувство красоты?....................................................122
24. Я столько лет живу на свете, а не знаю, какая я?......................................................................126
25. Как реально повысить свою самооценку?..............................................127
26. Быть дурочкой! Всегда ли это плохо?.........................................................130
27. Умница и дурочка………………………132
28. Женщина – непознанный космос! Пора осваивать..........................................................134
29. Богиня, которая живёт в тебе!....................................................................135

Послесловие………………………………...141

Предисловие.

Эта книга состоит из постов, которые я выкладывала в своём блоге на протяжении 5 лет (с 2009 по 2013 год). Я вела бесплатный электронный журнал для женщин, в котором затрагивала темы отношений женщины и мужчины, развитие пары как единой структуры, женской самооценки, ревности, близости, конфликтов, взаимопонимания в паре.

Я решила в своё время вести такой блог не только благодаря своему профессиональному интересу (я сертифицированный психолог), но и благодаря личному интересу к привлечению счастья в свою жизнь.

За эти годы я сама ощутила реальные перемены в своей жизни, я вышла замуж, и у нас родились дети (дочка и сын). Я стала женой, мамой.

Все мои посты пропитаны моим личным интересом и опытом, что было важно для меня на тот момент, тем я и делилась со своими виртуальными читательницами.

Пара, как известно, формируется из двух людей – мужчины и женщины. И как часто мы кидаем обвинения и претензии в адрес другого, не замечая, что своим словом, жестом сами же и спровоцировали конфликт. Поэтому я предлагаю – начинайте меняться сами!

Я стала обучаться инициационной терапии мужской и женской зрелости, и этот инновационный подход в психотерапии позволил мне заглянуть внутрь себя и начать лучше понимать свою внутреннюю мужскую и женскую составляющую, лучше осознавать свою женственность и проявлять её, соприкасаться со своим внутренним мужчиной, и от того лучше и быстрее справляться с повседневными задачи, эффективнее достигать своих целей. И я предлагаю и моим читательницам заглянуть внутрь себя и исследовать свой женский мир и познакомиться со своим внутренним мужским началом. Ведь через своё внутреннее мужское начало мы лучше понимаем нашего реального мужчину! Способность поставить себя на место другого иногда спасает ситуацию и помогает избежать ненужных столкновений и тяжёлых выяснений отношений, которые ни к чему не ведут.

Женщине очень важно вовремя пополнять запас своих физических и душевных сил, заботиться не только о внешней красоте, но и о внутренней чистоте, потому что именно она будет способствовать отдыху и восстановлению сил у своего мужчины.

Так что в книге не только и не столько размышления, сколько приглашения задать себе важные вопросы относительно любви к себе, своих желаний, целей. И, конечно же, я предлагаю практические простые в исполнении упражнения, которые помогут посмотреть вглубь своего внутреннего мира, ибо верные ответы находятся там.

Приятного, а главное, полезного чтения!

С уважением, Мария Чичерюкина. Психолог, специалист по инициациям мужской и женской зрелости.

Глава первая. Отношения мужчины и женщины.

*

Инициация* зрелых отношений мужчины и женщины через танго.

Я думаю, нет ни одного человека, который не хотел бы счастливых и гармоничных отношений со своим партнёром.

Никто не хочет ссор, расставаний, обид, обвинений в свой адрес, но многое из этого присутствует в разной степени в каждых отношениях.

Вопрос только в том, насколько оба партнёра готовы договариваться, учиться понимать и уважать друг друга, несмотря на отличия.

И насколько каждый готов взрослеть в отношениях друг с другом!

А что такое вообще зрелые отношения?

Ответы можно искать в умных книгах, на психологических семинарах, даже в сказках.

Через своё тело я получала ответы и инсайты (озарения) почти на каждом занятии танго! Что же этому способствовало?

Во-первых, в танго чётко распределены роли. Мужчина – ведёт. Он лидер. Женщина – ведомая. И это никак не обсуждается. Точка.

Как и в зрелых отношениях. Мужчина – глава семейства.

Если в танго у Вас, как у женщины, возникнет желание помыкать мужчиной, переделывать его, то танца не получится, получится выяснение отношений.

*Я такое видела, когда мы приходили на милонгу (танго-вечеринку). Вот одна пара самозабвенно плетёт элегантное полотно танца, а вторая пара сделает шаг и останавливается и давай выяснять, куда надо было ногу поставить и какое движение сделать в следующий раз.*

Я сама несколько раз наступала на точно такие же грабли и пыталась что-то своему мужу навязать, как я хочу танцевать, и в результате танца не получалось, получался конфликт.

Однажды на одном семинаре наша преподавательница сказала «девочки мои, будьте терпеливы, мужчины учатся танго в два раза медленнее, а вы быстрее, и вот вы думаете, что всё можете, что ваш партнёр неидеален, и давай его учить, или ещё хуже сравнивать, а вам надо просто подождать, дать ему дозреть!»
После этих слов для меня всё стало на свои места! Конфликты с мужем прекратились.

Надо ли говорить о том, что в танго женщина учится быть ведомой, а значит, терпеливой, принимающей, а мужчина учится ответственности, умению вести, принимать решения.
Женщина – та, которая принимает, следует, внимает, чувствует своего мужчину.

Вторым аспектом зрелых отношений я назову умение двигаться, мыслить, чувствовать в унисон.

Это не значит, что надо угадывать мысли друг друга и раствориться друг в друге. Это значит, что есть доверие друг к другу, есть взаимосвязь, понимание друг друга не только на логическом уровне, но и на телесном, интуитивном.

Если расслабиться, отключить голову, то тело само следует за движениями партнёра.

Я не устаю удивляться этому феномену.

Танго – импровизационный танец. И когда видишь, какие красивые па выделывает пара, трудно поверить, что это всё рождается у тебя на глазах, а не было заранее запланировано и отрепетировано.

В-третьих, танго – танец социальный. Это значит, что придя на занятие даже со своим партнёром, Вы всё равно будете танцевать со многими партнёрами, и учиться слушать и следовать любому партнёру-мужчине. А Ваш партнёр будет танцевать с другими женщинами.

И надо сказать, что после такой практики я всегда с радостью возвращалась к своему партнёру какой-то радостной, наполненной, нам было чем поделиться друг с другом.

Так же как в отношениях, если вы зациклены друг на друге, мало с кем общаетесь, мало чем занимаетесь, то чем вы будете наполнять общее поле, что будете туда привносить? Рано или поздно вам надоест общение друг с другом, и захочется отдалиться или даже расстаться, так как будет казаться, что Вы всё друг о друге знаете.

Помните, как в фильме «Летучая Мышь» муж думал, что его жена «давно прочитанная книга», и как он заново в неё влюбился, поняв, что «пропустил в этой книге самые интересные страницы».

Я называю это умением давать друг другу свободу, умением отпускать друг друга, что позволяет избежать ревности, эмоциональной зависимости и болезненной привязанности и зацикленности на своём партнёре.

Это лишь некоторые аспекты, которые мне удалось не только уяснить, но и прожить в наших отношениях с мужем!

Я уверена, что Вы найдёте ещё и другие аспекты зрелости в отношениях, буду рада, если вы поделитесь своими открытиями, которые будут полезны всем!

С уважением, специалист по инициациям мужской и женской зрелости, Мария Чичерюкина.

\* инициация - (лат. initiatio — совершение таинства, посвящение) — обряд, знаменующий переход индивидуума на новую ступень развития в рамках какой-либо социальной группы или общества.

\*

Как воспользоваться мудростью, когда её не хватает?

Бывает так, что даже самые образованные, осознающие себя, проработанные женщины впадают в роль стервы, требовательной, атакующей своего мужчину.

Или в роль ребёнка, безвольного, безответственного, не способного отвечать за свои поступки и слова.

И когда мы впадаем в такие роли, то наша природная женская мудрость куда-то девается, и от того мы можем сказать или сделать что-то такое, о чём впоследствии будем жалеть, и что может спровоцировать агрессию в свой адрес со стороны мужчины.

Вот простой пример. *Я устала, накопилось напряжение, нереализованное желание сменить место пребывания. И вот муж предлагает посмотреть фильм про другую страну. Он просто предложил. Но на него вылился целый поток слов, недовольства и даже обвинений. И я видела, нет, даже чувствовала, как каждое моё слово делает нас дальше друг от друга. Муж замыкается, обижается, и я понимаю, что перегнула палку. Понимаю в те секунды, когда договариваю последние слова. Но слова уже сказаны.*

И что же дальше? Вот уже слова сказаны, конфликт свершился. Что делать-то? Как из него выйти мудро!

Первое. Хорошо бы чувствовать сразу, быстро, что гармония нарушена.

Можно представить этот радар гармонии в отношениях, как он выглядит, какого он цвета, размера. И какой он в моменты спокойствия и гармонии, а какой в моменты конфликта и напряжения?

Мне почему-то представился предмет, который в моменты конфликта недовольно крякает и мигает разными цветами, словно предупреждая об опасности. А в ситуациях гармонии он светится изнутри белым, золотым и розовым цветами.

Второе. Как только вы поняли, что палку перегнули или сделали или сказали что-то не то, признайте это.

Сначала перед собой, потом желательно и перед партнёром. Искренне и вслух.

И можно это сделать в ключе детском «я виновата, я так больше не буду», можно во взрослом «мне очень жаль, что я сказала это, я понимаю, что мои слова тебя задели».

Правда, здесь может останавливать такой страх, что если я первой иду на контакт и перемирие, то я проиграла, то на мне можно ездить и т.к. Да и вообще, когда признаёшь свою неправоту, становишься уязвимой. Но тогда ты и своего мужчину приглашаешь и призываешь к искренности и открытости.

Очень важно своевременно признавать свою неправоту. Это как зуб, если заболел, важно вылечить вовремя, иначе можно потерять зуб.

Третье. Бывает так, что после ссоры спустя какое-то время Вы ясно осознаёте, как нужно было поступить, чтобы ссоры избежать.

Что можно было здесь промолчать, а здесь сказать такое слово. И вообще вам бы очень помогло, если бы Ваш муж (мужчина) вам сказал бы доброе слово, обнял бы и т.д. Скажите ему об этом. Каких слов и действий вы от него ждали? Может он и хотел сгладить конфликт, но не знал, что сказать и сделать.

А если на ум не приходит, как можно было бы по-мудрому разрулить конфликт?

Что ж, есть одно очень действенное средство.

Уделите минут 5 этому упражнению.

1. Представьте себе мудрую, взрослую жену, которая способна мудро разрешать конфликты со своим мужем.

Ваше воображение может выдать Вам кого угодно и маму, и бабушку, и сказочную Василису Прекрасную.

2. Рассмотрите и опишите внешний облик этой мудрой жены – её одежду, цвет волос, причёску, обувь, заметьте, в каком она настроении.

3. Затем представьте, что она оказалась в той же ситуации, что и Вы. Как бы она себя вела, что бы делала и говорила? Как выход видит она?

Послушайте, что она предложит, а дальше уже воля Ваша, следовать её совету или нет.

В любом случае, это упражнение – интересное путешествие вглубь своего мира, который Вам выдаёт паттерн здорового и зрелого разрешения конфликта.

Полезного Вам общения с собой! И желаю быстро и успешно разрешать конфликты!

С уважением, Мария Чичерюкина.

\*

А у тебя есть примеры по-настоящему счастливых отношений?

Доброго времени суток, на связи Мария Чичерюкина, психолог и специалист по индивидуальным инициациям мужской и женской зрелости.

В прошлом посте я задала вопрос – есть ли в твоей жизни пример по-настоящему счастливых отношений? Кто для тебя является примером счастливой и зрелой жены?

Не проходи мимо, задумайся, поищи такой пример!

Я не удивлюсь, если такой пример не обнаружится сразу или не обнаружится вообще!

На нас потоком льётся информация про то, как муж и жена ссорятся, дерутся, ругаются, оскорбляют друг друга. Мы этим сыты по горло и хорошо знаем, как это происходит.

И кажется, что счастливые и гармоничные отношения – это утопия. Так ли это? Где искать вдохновения? Где искать примеры?

Предлагаю задание.

Почитайте или посмотрите экранизации сказок «Царевна-Лягушка», «Василиса прекрасная», «Сказка про Царя Салтана» (там описана Царевна-Лебедь). Как там строят отношения муж и жена, на чём держатся их отношения?). Мне очень симпатизирует пример из мультфильма «Василиса Микулишна».

И продолжайте искать примеры гармоничных отношений в своей жизни (жизни своих родственников, в фильмах, сказках и т.д.).

До скорой встречи и удачного поиска!

\*

Как женщине относиться к своему мужчине?

Уважаемые мои читательницы, с вами на связи Мария Чичерюкина, психолог, специалист по индивидуальным инициациям мужской и женской зрелости.

Сегодня такая чудесная дата 12.12.12, которая бывает, как я сегодня услышала раз в сто лет! Наверно это что-то значит!

А если отойти от эзотерики и перейти к отношениям с мужчинами, то позвольте поделиться с вами такими стихами, которые сегодня ко мне пришли.

Стихи не мои, автором является Александр Третьяков.

*У женщины мудрость от Бога!*

*Мужчине признать это сложно.*

*И, в общем-то, нужно немного,*

*Чтоб он совершил невозможное...*

*Незримою лёгкой рукою*

*По жизни его направляйте...*

*И будет вам "Дом над рекою"...*

*Не требуйте - в мыслях желайте...*

*Не сразу построится счастье,*

*И будут в пути неудачи.*

*Вы верьте в него, и в ненастье*

*Он выдержит... Он не заплачет.*

*Сломаться мужчине так просто,*

*Сорваться в грехи, хлопнуть дверью*

*От ваших чрезмерных запросов,*

*От едких упрёков, неверия...*

*Идя через беды и радости,*

*Вы помните мысль непреложную -*

*Прощайте любимому слабости !*

*И он совершит невозможное...*

Прочитали?

А теперь отследите, какие ощущения, чувства вызывают у Вас эти слова?

Ваши чувства подскажут вам, что вы <u>уже</u> умеете, а чему ещё предстоит научиться. Например, я выделила такие качества зрелой женственности.

- Способность вдохновлять.
- Способность исцелять.
- Терпение.

- Мудрость.
- Способность мечтать.
- Верность.
- Преданность.
- Лёгкость.
- Нежность.
- Умение прощать.

Какие из этих качеств уже доступны Вам?

Какие в процессе наработки и созревания?

А теперь вопрос со звёздочкой, то есть повышенной сложности.

Мы требуем от себя (на самом деле от мужской части собственного внутреннего мира) достижения поставленных целей, заработка денег. И если наши цели не сбываются, задачи не решаются, планы рушатся, то можем ли мы в свой адрес проявить достаточно нежности, терпения, понимания, умения прощать?

То есть проявляете ли Вы к себе самой качества, соответствующие зрелой женственности? Умеете ли Вы сами себе сочувствовать? Быть терпеливой? Понимающей? Исцеляющей?

Вот вопросы, которые могут задать направление для дальнейшего развития!

С уважением и пожеланием мира в душе, Мария Чичерюкина!

\*

Женская энергия и семейная жизнь.

Занимаясь йогой, я услышала от инструктора следующие слова «Семейная жизнь (когда мужчина и женщина любят друг друга, живут вместе единой семьёй) – высшая степень йоги».

Потому что требуется максимум осознанности, ответственности.

Ты уже не одна, и не можешь делать только то, что хочешь без оглядки на другого. Так как есть большая вероятность пропустить что-то важное для другого.

А другой это воспримет как неуважение, попытку обидеть, проигнорировать его желания.

И конфликты, обиды, даже агрессия вполне возможны.

Потому что мужчине очень важно обеспечивать, быть Защитником, Кормильцем, потентным, сильным, способным обеспечить свою женщину.

Но и женщине важно вовремя восполнять силы мужчины, дарить ему своё тепло, внимание, любовь. Ведь иногда одного взгляда достаточно, чтобы вдохновить своего мужчину и вселить в него уверенность или наоборот, лишить его сил и энергии двигаться к цели.

А бывает так, что ты не можешь, нет сил что-то делать, даже улыбаться.

Иногда тело напряжено, а во внутреннем мире царит хаос и неудовлетворённость.

Что же делать тогда? Как не навредить своим отношениям?

Часто бывает так, что женщина ждёт от мужчины понимания, заботы, внимания, чуткости. Но уровень осознанности вашего партнёра может быть не настолько велик, чтобы он всё это понял, а тем более дал всё это женщине.

Я расскажу о своём опыте, а вы можете предложить здесь свои варианты.

1. Если чувствуешь, что гармония потеряна и мужчина не может восполнить твой запас энергии, отвлекись на что-то нейтральное для ваших отношений, но для себя приятное (кино, книга, шопинг).

2. Если в твоём окружении есть человек, которому ты доверяешь, и который может тебя просто выслушать и быть рядом (даже не обязательно давать советы), то обратись к нему. Это может быть мама, подруга, сестра, психолог, духовный наставник.

3. Если доступа к такому человека нет, а раздражения и недовольства много, то прекрасный способ – рисовать. Рисовать своё недовольство, раздражение, злость, апатию. Красками, пастелью, гуашью, пальчиковыми красками. Мазками, штрихами, абстрактными или конкретными образами. Кто не любит, боится рисовать, то можно просто описывать своё эмоциональное состояние (в таких случаях ведение дневника – хороший выход).

4. Кто умеет спрашивать себя и общаться со своим подсознанием через медитации, молитвы, то можете задавать вопросы, просить советы у своего подсознания, внутреннего мира. И получать ответы и советы (именно общение и получение советов от своего подсознания я предлагала в скайп-игре «Доступ к внутренней мудрости).

В который раз я убедилась, что раненая женственность, неспособность дарить, давать, исцелять, наполнять, вдохновлять связана с наличием или отсутствием внутренней мужской защиты.

Мой внутренний Защитник активизировался, когда я почувствовала агрессию, которая накатывала в мой адрес. И вот когда я почувствовала силу, что внутри меня моё мужское начало способно защитить меня и мои границы, то сразу стало легче и увереннее в себе.

И, конечно же, природные силы нам помогают. К природным силам можно обращаться в реальности, пребывая на природе, взаимодействуя с деревьями, цветами, землёй, водой.

Но не менее целебными и эффективными оказывается и взаимодействие с образами природы, такими, как Водопад, Родник, Дождь, Ветер. Можно сочинить историю на тему «Ветер», «Ручей», «Закат», «Рассвет». Или сделать спонтанные рисунки. Вы сами увидите, что негативное содержание, материализовавшись в рисунках или словах, освободит Ваш внутренний мир. А чаще всего через рисунки и описание этих образов проявляются ресурсы, о которых Вы даже не подозревали.

Позаботившись о своей женственности, вы даёте возможность другим насладиться дарами вашего цветения! До скорой встречи, с уважением, Мария Чичерюкина.

\*

Что говорит про зрелость ваших отношений Ваша ревность?

Если вы ревнуете своего мужчину, то это может говорить не только о вашем страхе потерять этого человека или неуверенности, но и о ваших отношениях в целом.

Процесс формирования пары состоит из 5 стадий (описание не универсальное, можно принимать к сведению, можно не принимать это к себе).

Хотя до 4-й и 5-й доходят не все, и сейчас поймёте, почему.

Когда будете читать описание, можете примерять тут же к себе, где вы сейчас находитесь.

1-я стадия – поиск партнёра, мы ищем, присматриваемся, знакомимся, оцениваем, сверяемся по нашей «карте» определённых требований (подходит/не подходит), которая у каждого из нас есть. Тут пока ещё некого ревновать.

2-я стадия – нашли, и теперь видим в нём (ней) свой идеал, он так прекрасен, мил, красив, умён, силён и так далее. На самом деле, найденного партнёра мы наделяем всеми теми качествами, которые хотели бы видеть в мужчине. Это стадия слияния, сладких ожиданий, грёз.

Здесь ревность скорее связана со страхом неопределённости, т.к. отношения ещё очень зыбкие, неизвестно, сложится ли что-то, но так не хочется терять эту сладкую романтику, точнее свою мечту.

3-я стадия – когда вы уже видите друг в друге не только позитивные моменты, но и начинаете предъявлять какие-то претензии, понимаете, что у него есть недостатки, он неидеален.

Обычно, люди уже начинают жить вместе, становятся либо постоянными партнёрами друг для друга, либо женятся.

И в этих отношениях вы хотите получить (бессознательно, конечно) всё то, что недополучили в родительской семье (ласку, любовь, нежность, внимание).

Только вы стараетесь это получить от мужчины, как будто он ваш папа или мама. А он старается то же получить от вас.

И вот ревность может быть сильной, навязчивой, контролирующей, т.к. партнёр воспринимается как очень важная фигура в жизни, которая даёт тепло, любовь, внимание, и её потеря будет восприниматься вообще как угроза комфорту и жизни.

4-я стадия – вы решили свои проблема уверенности в себе, самодостаточности и воспринимаете своего партнёра целиком, со всеми достоинствами и недостатками. Вы перестали в нём видеть только дающую фигуру, а себя перестали воспринимать как берущую и нуждающуюся. Вы общаетесь как два зрелых индивидуума.

Вы способны позаботиться о себе самостоятельно, вы взрастили своих внутренних маму и папу, которые заботятся о вас. Поэтому не предъявляете лишних претензий к своему партнёру. Вы способны спокойно принять тот факт, если он захочет расстаться с вами, или вы сами способны оставить отношения, если они вас больше не устраивают.

Однако если вы остаётесь вместе, вы способны одаривать друг друга всем тем богатством, как внутренним, так и внешним, которое есть у вас.

Подумайте сами, есть здесь ревность и если есть, как она проявляется?

5-я стадия – когда вы с вашим партнёром способны одаривать своей любовью мудростью не только друг друга, но и ваших детей, ваш род и вообще людей вокруг. Эта стадия, на которой вы становитесь совместными творцами вашей реальности, и созданное вами (проекты, идеи) обогащают людей вокруг, принося им радость, гармонию и способствую их внутреннему росту.

Спросите себя, где тут место ревности?

- Итак, на какой стадии ваших отношений Вы сейчас?
- А где бы хотели находиться?

- Что вы предпримите для того, чтобы оказаться там, где хотите?

С уважением и пожеланием гармонии в паре, Мария Чичерюкина.

\*

«Наслаждайся своим мужем сейчас, ибо рано или поздно ты с ним расстанешься!»

Такую фразу сказал Берт Хеллингер (психотерапевт с мировым именем) на одном из своих семинаров.

Женщина начала жаловаться ему, что ревнует своего мужа к бывшей жене, и уже не знает, куда деваться от своей ревности.

Он сказал ей только эту фразу.

И её было достаточно, чтобы она отбросила всё лишнее в сторону.

Именно это я и предлагаю Вам проделать прямо сейчас!

Как часто какие-то мелочи (претензии, недовысказанные обиды, накопленная злость) как заноза сидит и не даёт наслаждаться отношениями прямо сейчас!

Предлагаю медитацию «Взгляд из будущего».

Прочитайте описание и при желании проделайте её! (Если Вы почувствуете сопротивление, нежелание, дискомфорт, это естественно, ведь мы не очень любим расставаться с тем, что нам нравится, приятно, к чему мы привыкли).

1. Займите удобное положение, отбросьте лишние мысли, расслабьте своё тело, ощутите своё дыхание.

2. Закройте глаза.

3. Представьте себе свой последний день вместе с вашим мужем (любовником), потому что рано или поздно вам придётся расстаться.

- Сколько вам обоим лет?
- Как вы выглядите?
- Что бы вы хотели вспомнить?
- Какой вы видите вашу совместную жизнь, оглядываясь назад?
- Что за жизнь вы прожили вместе, чем она была наполнена?
- Какие воспоминания вы уносите с собой из отношений?
- Какими чувствами насытили свою душу?
- За что можете поблагодарить своего партнёра?
- Как вы расстаётесь? При каких обстоятельствах?

Побудьте вашим партнёром (при желании), увидьте всё его глазами и почувствуйте всё так, как чувствует он.

4. Потом возвращайтесь из медитации, откройте глаза, потянитесь всем телом, осмотритесь вокруг.

5. Прислушайтесь к своим телесным ощущениям, своему эмоциональному состоянию.

Если вы погрузились в медитацию достаточно сильно и глубоко, то опишите и зарисуйте те образы, которые будут к вам приходить.

6. Проанализируйте, как то, что вы увидели и почувствовали, может улучшить отношения в вашей паре прямо сейчас.

Успехов в выполнении и применении данной медитации. С уважением, Мария Чичерюкина.

\*

Что стоит на пути счастливых отношений мужчины и женщины?

Сегодня участвовала в очередном обучающем семинаре, на котором психолог со стажем практики 24 года поделилась подобными наблюдениями.

Мужчины боятся выражать свои чувства, боятся показаться слабыми, неуверенными, боятся потерять свою силу, лицо перед женщинами.

Нет у нас в менталитете разрешения на выражение своих чувств для мужчин.

И как мужчины выражают свои чувства?

Кто-то с помощью алкоголя, кто-то через нелепые действия и поступки, кто-то ходит к психотерапевту, чтобы там, в безопасной обстановке выразить себя, побыть собой, не притворяясь, не бравируя, просто собой.

А Женщины боятся, не умеют выражать свою сексуальность.

Так как в менталитете нет разрешения и нет умения выражать свою женственность естественно и спокойно, не вычурно.

И вот мы наблюдаем вокруг:

- женщин, которые используют свои женские чары не для построения гармонии в паре, а для удовлетворения исключительно своих потребностей и унижения мужчин;

- женщин, которые просто забыли о своей красоте (и на отношениях с мужчиной) и поставили на себе крест лет так в 30-35 (таких женщин я лично встречала среди учительниц почему-то);

- вечно неуверенных, сомневающихся в своей красоте и уникальности женщин, которые на самом деле красивы, но они постоянно смотрят вокруг, как бы ища одобрения «ну я хороша, я красива?»

Ну и что со всем этим делать?

Учится контактировать с собой – мужчине со своими чувствами, а женщине со своей сексуальностью.

С чего можно начать?

Если хотите прямо сейчас подобраться к своей женственности, если надоело сидеть и мечтать о лучшей фигуре, о романтических отношениях, о восторженных комплиментах, то возьмите лист бумаги и нарисуйте сексуальную женственную (простите за тавтологию) женщину. Просто выразите на бумаге с помощью красок тот образ, который придёт к вам, без цензуры.

А потом посмотрите на то, что у вас получилось. Что вы почувствуете? Что ощутите в теле? Какие мысли появятся? Итак, начните просто с того, что активизируйте свой образ женственности и сексуальности. Проявите его на листе бумаги, познакомьтесь с ним, изучите его.

Любви вам к себе и гармонии в паре! С уважением, Мария Чичерюкина.

*

Три волшебных слова, чтобы отношения в паре удались. Первое слово!

(материал на основе посещения семинара Берта Хеллингера в Москве в 2008 году).

Всем здравствуйте. Спросите меня, что значит отношения «удались»? Это когда отношения искренние, позитивные, верные, продолжительные, наполненные взаимной любовью и доверием!

Готовы узнать, какие слова надо сказать друг другу? Сегодня мы рассмотрим Первое слово «ДА».

ДА. Это слово означает согласие с Вашим партнёром таким, какой он есть: с его внешностью, характером, привычками, манерой поведения. Именно с таким, какой есть – ни больше, ни меньше. Это позиция принятия человека! Внимание! Это не значит, что ему не надо стремиться к лучшему, расти, меняться! Это значит, что если он Панда, то он им и останется, и вы не будете пытаться переделать его в тигра.

Кстати, позиция - я переделаю своего мужа/жену, друга/подругу подразумевает, что он (а) недостаточно хорош (а) для Вас, и уж Вы-то сможете его (её) переделать. Человек чувствует, что Вы не принимаете его, и поэтому рано или поздно отстраняется или уходит от Вас, так как чувство самосохранения и желания оградить себя от вторжения и изменения сильнее привязанности.

Когда вы говорите Вашему партнёру «да», искренне, от всей души, он не может не чувствовать этого, и не может не оценить этого!

А теперь представьте, как Ваш партнёр Вам говорит «да» искренне и с любовью!

Почувствовали эффект? Ощущения и реакции могут быть разными – лёгкость, радость, восторг, прилив нежности, недоверие, беспокойство, страх.

Последние чувства связаны вот с какой темой. Способны ли Вы сами себе сказать «да»? Просто «да» такому или такой, какой (ая) Вы есть?

Многие не любят своё тело, недовольны своей внешностью, какой-то привычкой, чертой характера, и ждут от партнёра, что тот убедит, какой вы замечательный, необыкновенный, единственный и неповторимый человек! А Вы будете сопротивляться и говорить «ну что ты, это не я», или быть ужасно польщённым, но и смущённым «нет, ты на самом деле меня не знаешь, я не заслуживаю, я не достоин».

А Вы сами хотите любить образ, фантом или живого человека? Но ведь живой человек несовершенен. У него есть теневые стороны (которые он скрывает, игнорирует, которыми недоволен). И Ваш партнёр, скорее всего, хочет любить живого человека, то есть Вас, полностью! Вот тема для размышления сегодня…

До встречи, с вами была Мария Чичерюкина.

*

Второе волшебное слово.

Всем здравствуйте. Надеюсь, Вы применили первое волшебное слово, хотя бы представив, что Вы его произносите, или Вам его говорит партнёр.

Теперь настала очередь для второго волшебного слова.

И это слово «пожалуйста». В нашем традиционном, обыденном понимании, мы говорим «пожалуйста», когда о чём-то просим. Нас этому учат ещё в детстве, чтобы мы были вежливыми, прилежными и послушными. Поэтому иногда «волшебство» этого слова теряется за многократным и бестолковым использованием.

Когда мы выросли и говорим «пожалуйста» нашему партнёру (мужу/жене, другу, коллеге) это означает, что мы признаём, что нам что-то нужно от нашего партнёра – его любовь, внимание, забота или что-то иное. И он нам может дать искренне, если мы просим искренне и спокойно, понимая, что нам могут и отказать. Требованиям здесь нет места.

Слово «пожалуйста» означает: «пожалуйста, сделай для меня…» (что конкретно, не обозначается). С помощью этого слова я признаю, что мне что-то нужно, что я нуждаюсь. Я открываюсь по направлению к другому человеку и отказываюсь от контроля.

Теперь небольшое домашнее задание.

Скажите это слово, представив себе своего партнёра (настоящего, бывшего, это может быть не только сексуальный партнёр, но и ваш друг), и просто понаблюдайте, какие чувства вызывает в Вас это слово, легко ли Вам его произносить. Способны ли вы признать, что нуждаетесь и попросить об этом? И представьте, что Ваш партнёр говорит Вам «пожалуйста», какие чувства это вызывает у вас, какое состояние?

До новых встреч, с вами была Мария Чичерюкина.

\*

Третье волшебное слово.

Всем здравствуйте!

Итак, я рассказываю о том, что есть три волшебных слова, произнося которые искренне, Вы можете резко повысить, увеличить степень открытости и доверительности в ваших отношениях. Если кто-то пропустил предыдущие два, то первое
слово «да», второе «пожалуйста».

Третье слово «спасибо». Слово тоже из разряда нашего далёкого детства, когда нас учили быть вежливыми, и мы часто говорили это слово, потому что так принято, а не потому что были благодарны.

Что же означает это слово, если вы говорите его своему партнёру искренне?

 Задание! Закройте глаза. Представьте своего партнёра. Это может быть и настоящий, и бывший партнёр, и сексуальный, и деловой. Представьте, что он смотрит на Вас и говорит Вам
«спасибо».  Послушайте, как он Вам говорит это слово? Ведь Вас есть, за что благодарить? Несомненно. Как в Вашей душе отзывается это слово? Какие чувства посещают Вас?

А теперь сами скажите «спасибо» своему партнёру. Что Вы чувствуете? Легко ли Вам сказать это? Ведь Вам есть, за что благодарить партнёра? Даже если сейчас вы расстались. Несомненно, есть! Так сделайте это!

Если вы исправно проделали это упражнение, то… вы знаете ответ, для чего это слово. Если же не решились. Это слово – это признание вашей связи такой, какой она была или есть. Это и возможность спокойно расстаться, признав, что в ваших отношениях было много хорошего, и возможность продолжить отношения, давая и получая взамен ещё больше хорошего.

На сегодня это всё! Используйте знания, иначе они Вам ничем не помогут. Хороших Вам взаимоотношений. С вами была Мария Чичерюкина.

*

Сила прощения и её влияние на отношения!

Здравствуй, уважаемая читательница!

Сегодня прощёное воскресенье! И именно сегодня настало время просить прощения и прощать самой!

Вообще-то о силе такого процесса, как прощение, стоит помнить всегда, а не только раз в году.

В чём же его мощь?

Оставляя позади всё ненужное, ты освобождаешь место для всего нового (для идей, событий, людей).

Но обычно возникает две проблемы, связанной с умением прощать!

Первая проблема. Попросив прощения и получив ответ «я тебя прощаю», ты всё равно можешь оставаться беспокойной, тревожной, чувствующей вину!

Ты, оказывается, не простила саму себя!

Поэтому получив прощения у другого человека, скажи самой себе «я прощаю себя», и говори эту фразу себе каждый раз, если чувство вины нахлынуло.

Вторая проблема. Тебе тяжело простить другого человека. И вроде даже он раскаялся, и вроде и давно это было…Но чувство обиды, злобы, мести гложет! Бывало такое у тебя?

Есть замечательная фраза, которую ты также можешь себе говорить, если действительно хочешь распроститься с тяжёлыми чувствами.

«Теперь это может остаться в прошлом»

Прощение – некая духовная работа над собой.

Это выбор жить прошлым, негативом, в привязке к определённым людям, ситуациям.

Или выбор жить настоящим, осознанно, выбирая себе партнёров, формируя своё окружение самой!

Я не говорю, что это просто.

Но заметьте, что корень у слова «просто» и слова «прощение» один и тот же.

Не усложняй жизнь ни себе, ни другим! Прощай!

Желаю тебе гармонии с собой!

С уважением, Мария Чичерюкина.

*

Первый принцип гармонии в паре.

Доброго времени суток, с вами Мария Чичерюкина.

Первый принцип – это принцип правильной расстановки приоритетов!

Для того чтобы понять, о чём я говорю, ответьте максимально честно себе на вопрос «Кто для Вас самый главный человек в жизни, кто стоит на втором месте, кто на третьем?»

Не торопитесь с ответом и будьте искренни, потому что от Вашего ответа зависит:

- кто является точкой отсчёта в Вашей жизни;
- кто несёт наибольшую ответственность в Вашей жизни;
- кто имеет наибольшее влияние на Вас;

- перед кем Вы наиболее уязвимы (или делаете себя таковой).

И пожалуйста, не читайте выпуск дальше, пока не расставите приоритеты в своей жизни и семье!

А теперь посмотри, где в этих приоритетах стоите Вы сами? На каком месте? Может быть, Вы себя даже никуда и не записали, зато упомянули про детей, мужа, собачку, работу, подруг?

Но если Вы себя не видите на первом месте (одни или в паре с мужчиной), то не надейтесь, что кто-то позаботиться о ваших интересах или вашей жизни больше, лучше, чем вы сами.

Это всего лишь детская мечта, что мама (муж, подросший ребёнок с благодарность.) исполнит все ваши желания, ведь вы так много для них сделали.

Итак,

- Кого же Вы ставите на первое место?
- И с каким чувством сделали расстановку приоритетов?
- Довольны ли Вы получившейся картиной?

Гармонии вам с собой и в вашей семье. С уважением, Мария Чичерюкина.

*

Второй принцип гармонии в паре!

Желаю здравствовать.

Те мои читательницы, которые начали практическое внедрение новых приоритетов в свою жизнь, в отношения с мужчиной отметили такую особенность – новые приоритеты автоматически включают в них состояние женственности, лёгкости и гибкости!

Казалось бы, меняешь местами действующих лиц твоей жизни, а ощущения от себя и своей жизни в корне меняются!

2-й принцип, о который спотыкаются и которым пренебрегают многие женщины – это принцип «равенств и различий».

Мужчина и ты не одно и то же! Но для построения отношений, пары, семьи одинаково важны и значимы оба!

Для тех, кто не знаком с молитвой гештальтистов, она как нельзя лучше отображает данный принцип!

«Я делаю свое дело, а ты делаешь свое дело.
Я живу в этом мире не для того, чтобы соответствовать твоим ожиданиям.
И ты живешь в этом мире не для того, чтобы соответствовать моим ожиданиям.
Ты – это ты.
А я – это я.
И если нам случилось встретить друг друга – это прекрасно.
А если нет – этому нельзя помочь».

Какие чувства у тебя вызвали подобные слова?

Будь честна с собой!

Если скажешь, что никаких, то я не поверю, то ли ты глазами её пробежала, то ли она настолько уже прижилась и встроилась в твою жизнь, что мне и добавить нечего!

Эта молитва затрагивает следующие необходимые компоненты отношений (причём любых, но мы разберём на примере женско-мужских):

- границы твои и его (телесные, эмоциональные);
- свобода в отношениях (не надо заставлять кого-то быть рядом или принуждать себя кого-то любить – либо есть, либо нет);
- честность, чтобы себе во всём этом признаваться!

На этих китах держатся партнёрские отношения!

Если ты сможешь встроить их в свою жизнь, то сможешь наслаждаться отношениями, которые тебя развивают личностно, двигают вперёд и раскрывают как женщину!

Гармонии тебе с собой, в твоей паре!

С уважением, Мария Чичерюкина.

\*

Третий принцип гармонии паре!

Здравствуйте, дорогие читательницы!

Я получила много отзывов на 1-й принцип – расстановки приоритетов.

Оказывается, многие женщины живут умом «я знаю, как правильно», а вот в сердце и в душе совсем другая картина.

Например, «я знаю, что правильно ставить себя на первое место, но я подожду, ведь у меня есть ребёнок и муж, и о них мне надо заботиться в первую очередь!»

А между тем именно женщине важно обращать внимание на свои телесные ощущения, доверять своей интуиции!

Радует то, что вы читаете рассылки, делаете упражнения (даже если они кажутся простыми и банальными)!

Если же вы читаете и говорите себе «подумаешь, я и так это знала», или «у меня всё в порядке», значит, вы или боитесь открыть в себе что-то новое, посмотреть на реальное положение вещей в вашей жизни, или пребываете в иллюзии, что «знание умом» решает все ваши проблемы! А может, у Вас всё замечательно, и я только рада этому!

Итак, сегодня расскажу про 3-й принцип гармонии в паре!

Это принцип уважения и почитания, как своих родителей, так и родителей вашего партнёра»!

Такими, какие они есть!

Что даёт внедрение этого принципа в твою жизнь:

1. ты освобождаешься от родительских жизненных сценариев;

2. ты способна выбирать, в каком настоящем тебе жить;

3. ты сама выбираешь своё будущее!

Внимание! Практическое задание!

Самый простой способ отдать дань уважения родителям – это представить перед собой своих родителей и признать их как своих родителей, сказав им «да, вы мои родители» и поклониться им.

Затем представить себе родителей мужчины и сказать им с поклоном «да, вы родители моего мужа. Я принимаю Вас и уважаю, как родителей своего мужа».

Если ты не можешь даже внутренним взором посмотреть на своих родителей, если слова даются с трудом, а поклон и вовсе не получается, значит, ещё остались нерешённые задачи, недосказанные слова в адрес родителей и о психологическом отделении от них говорить не приходится!

И, к сожалению, это обязательно отражается на партнёрских отношениях!

Именно поэтому внедрение 3-го принципа и проработка отношений со своей родительской семьёй критически важна для счастья в твоей собственной семье!

А если ты принимаешь родителей мужа, если благодарна им за то, что они родили, воспитали его, то ты таким образом поддерживаешь и своего мужчину, и ваших общих детей, обеспечивая им внутреннюю здоровую целостность.

Гармонии тебе с собой и в паре с мужчиной!

С уважением, Мария Чичерюкина.

\*

Четвёртый принцип гармонии в паре.

Здравствуйте, уважаемые читательницы.

Сегодня предлагаю Вашему вниманию 4-й критически важный принцип, соблюдение которого позволяет вам и сохранять, и приумножать гармонию в паре!

Это принцип – «будь Женщиной со своим Мужчиной».

Казалось бы, а кем ещё можно быть?

Мамочкой, неумелой (или требовательной) Дочкой, Хозяйкой, Тёткой, Воспитательницей, Домоправительницей, Мужчиной в юбке и т.д.

Ролей много – мы время от времени можем включаться в ту или иную роль. Все они нужны и целесообразны в той или иной ситуации.

Главное, помнить своё главное предназначение – если ты Женщина, оставайся Женщиной! И это гармонично вытекает из того факта, что ты смогла психологически отделиться от своих родителей.

Тогда ты сможешь:

- притянуть в свою жизнь Мужчину;

- построить с ним отношения на горизонтальном уровне (уровень партнёрских, равнозначимых отношений).

Предвижу вопросы!

- Что такое быть Женщиной?
- Где этому научиться?
- Как оставаться Женщиной?

Вот краткие ориентиры, которые помогут ответить на эти вопросы:

1. свою женственность мы раскрываем и развиваем рядом с нашими родителями;

2. наш главный учитель женственности – это мама;

3. главное мерило вашей женственности – это мужчина и степень раскрытия его мужественности рядом с вами!

Практическое задание, которое ты можешь сделать прямо сейчас!

1. Опиши свой образ женственности (что это за женщина, какими качествами она обладает).

2. Отметь те качества, которые у тебя уже прямо сейчас и начни их осознанно проявлять в своей жизни (причём во всех её областях – на работе, дома, в магазине).

3. Отметь те качества, которые ещё предстоит развить, выбери одно и найди реальный способ, который поможет развить и внедрить это качество в твою жизнь уже в ближайшие дни (например, гибкость в движениях – посети на арабские танцы, спонтанность в общении – пройди курсы актёрского мастерства).

Способов море – только выбери цель!

Гармонии тебе с собой и в твоей паре!

С уважением, Мария Чичерюкина.

\*

Пятый принцип гармонии в паре!

Здравствуйте, уважаемые читательницы.

Продолжаю рассказ про принципы гармоничной жизни в паре.

И сегодня я расскажу про 5-й принцип – принцип построения общего пространства «мы».

Все мы, найдя партнёра, стремимся с ним объединиться, создать единое пространство, чтобы:

- было, кому дарить любовь;
- чувствовать безопасность и комфорт;
- получать регулярно ласку и внимание;
- впишите свои варианты… (только честно).

Ведь мотивы вступления в отношения могут быть совершенно разными – оправдать чьи-то ожидания, повысить статус, поправить своё финансовое положение.

Но, создав общее пространство «мы», ты можешь пребывать в иллюзиях, что так и будет всегда (слияние, взаимопонимание с первых слов).

Но это не так!

Пространство «мы» - это не просто ты и твой партнёр, это некое третье образование, и оно требует развития, даже если не хочешь развиваться!

Так что существование пространства «мы» циклично – ты и твой партнёр то сближаетесь, то отдаляетесь. Он стремится вперёд, и тянет тебя за собой, ты движешься, и приглашаешь партнёра на новую ступень развития.

Что здесь важно?

- Понимать, что и у тебя, и у партнёра могут периодически возникать новые цели (тебе важно обустроить дом, ему развить бизнес, или он занимается личностным развитием, ты думаешь про ребёнка).
- Двигаться с такой скоростью, чтобы вы с партнёром успевали друг за другом (чтобы не было слишком большого разрыва в развитии).

Важно в любой из периодов отвечать себе на следующие вопросы:

Как я развиваю себя? Что для меня важно? Что я привношу в наше общее пространство? Как я помогаю Мужчине развивать и проявлять свою мужественность.

И если Вы можете найти ответы, то вы способны:

- вывести ваши отношения на качественно более высокий уровень;
- избежать ненужных упрёков, обид, жалости к себе;
- спокойно расстаться, если партнёр и ваше общее пространство «мы» тебя действительно не удовлетворяет и тормозит раскрытие твоего потенциала.

Итак, ответьте себе прямо сейчас на вопросы о своём развитии в вашем общем пространстве «мы».

Ответ покажет направление твоего личностного развития и раскрытия женского потенциала.

Гармонии тебе с собой и в твоей паре!

С уважением, Мария Чичерюкина.

\*

Любовь зрелая и незрелая!

Когда Вы влюблены и восторженны своим партнёром, то не замечаете в нём никаких недостатков, а достоинства преувеличиваете. Правда, потом приходится разочароваться в другом, в себе, в мире…

Но не обязательно, если знать, что…

Зрелую любовь дарят и получают зрелые личности.

Незрелую любовь дают и получают незрелые люди.

- Если Вы боитесь посмотреть на своего партнёра такого, какой он есть и принять тот факт, что он Вас не устраивает;

- если предпочитаете иллюзию реальности, лишь бы не сталкиваться с собственными страхами;

- если считаете, что пусть уж лучше рядом будет хоть такой партнёр, чем вообще никакого;

- если подстраиваетесь под партнёра в мыслях, в чувствах, в поведении, поступаете так, чтобы ему было удобно;

- если не очень себя цените как личность, то велика вероятность, что Ваша любовь Незрелая, то есть приспосабливающаяся, цепляющаяся, а может, любовь вообще перестала присутствовать в ваших отношениях!

Но это полбеды, если любовь ушла!

Главное, чтобы Вы сами не перестали присутствовать в своей собственной жизни!

То есть помнили не только о том, как Вас зовут, где Вы живёте, но и о том, что вы чувствуете, о чём мечтаете, чего хотите, чего достойны!

До скорой встречи, Мария Чичерюкина.

\*

На пути к близости – быть вместе, но оставаться собой!

Вы имеете ту близость, которую способны выдержать…

Как часто нам хочется раствориться в близких объятьях любимого человека (мужа, подруги, мамы, неважно). Как хочется, чтобы тебя понимали с полуслова. Чтобы просто любили за то, что ты есть.

И ведь кто-то всё это имеет! Для кого-то это реальность! А для Вас?

Не расстраивайтесь. Не завидуйте белой или чёрной завистью тем, кто находится в такого рода отношениях. Ведь рано или поздно период влюблённости, очарования, сладкого слияния (не только сексуального) заканчивается.

И тогда мы видим другого таким, какой он есть. И этот человек не идеален. Да и Вы тоже.

Вы можете чувствовать свою незащищённость, и не подпускать к себе близко человека. Или чувствовать, что Вас держат на расстоянии, не рассказывают каких-то важных вещей, что-то утаивают. Вы можете обижаться, злиться на такое поведение партнёра. Ревновать его, жалеть себя.

Но это не меняет того факта, что человек сближается с другим человеком настолько, насколько готов.

Открыться другому, показать всего себя целиком – это непросто. А если он ещё и сам от себя скрывает свои страхи, слабые стороны, не хочет признавать чего-то в себе (например, что он грустит или очень злится или чем-то недоволен, или что не оправдал чьи-то ожидания), то тогда и вам он не откроется точно, потому что сам себя плохо знает.

Но всё равно вы хотите и принимаете решение быть вместе!

И это замечательно, и только тогда наступает возможность для того, чтобы сблизиться по-настоящему. Не со своим образом, не с очарованностью, а просто с другим человеком.

И это порой, страшно: обнажить себя, почувствовать уязвимость другого, иногда слышать «нет» от другого человека, потому что он тоже хочет чего-то другого.

1. Что для Вас означает «быть близким» с человеком?
2. Как понять, какова Ваша дистанция близости?
3. Как Вы меняете эту дистанцию в зависимости от человека, с которым сближаетесь?
4. Не слишком ли много требований Вы предъявляете к себе или к окружающим, когда просите их быть ближе или дальше от Вас?
5. Как оставаться близким, но при этом не утратить себя, свои чувства и желания, пытаясь дать другому то, в чём он нуждается?
6. Как понять, какие страхи, установки (прежде всего ваши) мешают оставаться близкими в конкретных отношениях.

Находите ответы!

До встречи, Мария Чичерюкина.

\*

Почему мы не понимаем друг друга?

5 языков любви.

«Но почему он меня не любит?» «Я так стараюсь, а он…» «Неужели нельзя понять, что мне нужно говорить хорошие слова?!»

Если такие претензии вы и сами иногда высказываете или слышите в свой адрес, то могу Вас немного успокоить.

Не все знают (и оттого страдают, просто от отсутствия информации), что любовь в отношениях может проявляться несколькими способами.

Вы можете считать, что партнёр Вас недостаточно ценит, раз не говорит вам словами о том, какой вы замечательный человек, а для него выражением любви является материальный подарок.

Просто нет договорённости между людьми, о том, кто и как выражает свои чувства.

Выражать своё отношение к человеку можно несколькими способами и, соответственно, становиться ближе друг к другу можно разными способами:

1) делать подарки (финансовые, материальные);

2) проводить время, уделять время любимому человеку (сходить с ним в театр, кино, посидеть дома, остаться рядом с ним, а не поехать на встречу с друзьями);

3) проявлять тактильную ласку, заботу (прикасаться, обнимать, целовать, гладить);

4) хвалить, поощрять партнёра (какой ты молодец, как ты мне важен);

5) просто беседовать (рассказывать о себе, о своей жизни, о своих проблемах, о своих взглядах).

Эти языки мы учим в детстве. Где? В нашей родительской семье, у наших любимых родителей. Как они нас приучили выражать свою любовь, так мы это и делаем.

Вы можете потом освоить и другие виды языков, и тогда ваш диапазон расширяется, и вы можете использовать все пять способов.

Немного работы с собой. Сначала отметьте те пункты, которые присущи Вам, потом пункты, характерные для Вашего партнёра. Посмотрите на результаты. Что характерно в большей степени для Вас, что для партнёра? Есть ли совпадения? Какие способы ещё Вами не освоены?

Вместо того чтобы проявлять своё недовольство, заставлять другого делать то, что Вы хотите, оцените то, что Ваш партнёр уже делает для Вас. И он захочет сделать для Вас ещё больше! Это касается и партнёров по браку, и деловых, родственных отношений. Признание с Вашей стороны всегда будет оценено.

Но какими бы способами выражения своих чувств Вы не пользовались, существующую дистанцию близости Вы не сможете сократить без согласия второго партнёра. А он ведь может быть не готов или не хотеть сближаться с Вами. Как же быть тогда ему и Вам?

Близкими можно становиться разными путями!

Главное, понимать, хотите ли Вы сближаться именно с этим человеком. До встречи! Выражайте свою любовь!

*

Своя территория. Когда важно остаться наедине с собой.

Вы видели когда-нибудь жену, которая в восторге от того, что её муж уезжает в трёхмесячную командировку?

Вы видели когда-нибудь мужчину, который звонит своей возлюбленной по 10 раз в день, спрашивая, что у неё нового?

В первом случае мы говорим о желании расширить свою личную территорию, и возможно, исключить из неё на время определённого человека (любит она его или устала от него – это другой вопрос). Во втором случае мы говорим о стремлении ограничить как свою территорию, так и территорию другого человека (и поверьте, девушка от этого не в восторге).

В каких бы отношениях Вы не состояли, с кем бы вы ни жили, какую бы роль Вы не играли (матери/отца, любовницы/любовника, жены/мужа), в первую очередь Вы являетесь собой, и вам нужна Ваша Личная Территория!

Что такое «личная территория»?

- Это время, которое Вы уделяете себе, своим потребностям и желаниями. Проверьте себя: когда Вы уделяете время себе, чьи проблемы Вы решаете на самом деле?
- Это место, где Вы можете уединиться: это Ваша квартира, ваша комната, ваше любимое кафе. Есть ли вообще у Вас такое место?
- Это ваше тело, которое с Вами до конца. И которое является также вашей личной территорией. Как Вы с ним обращаетесь? Умеете ли заботиться о нём своевременно? Знаете ли, что оно любит, что ему приятно?
- И это Ваши желания, мысли, планы, воспоминания, идеи – ментальные продукты, так сказать. Знаете ли Вы, чего хотите? И Ваши ли это желания? Ваши ли эти мысли или они позаимствованы, а Вы их забыли вернуть владельцу.

Например, Вы заимствовали у мамы представление о том, что «женщина может надеяться только на себя, так как мужчинам нельзя доверять». Замечательно, Вы жили так какое-то время и даже не замечали, как выбирали мужчин, которые прекрасно подтверждали такую мысль, а все примеры, которые опровергали данное утверждение, Вы отбрасывали – не могла же мама Вам врать!

Вы сами решаете, кого пускать на свою территорию (друзей, родственников, знакомых). А если не Вы это решаете, то это решают за Вас, и тогда Вы сталкиваетесь с проблемой сказать «нет», отказать человеку.

Зачем Я вам вообще выдаю эту информацию?

Чтобы вы могли:

1) очертить границы личной территории, как своей, так и партнёра;

2) научиться уважать наличие этих территорий;

3) предупреждать конфликты, обиды, недомолвки, если один из вас захочет уединиться, отдалиться, это естественно и закономерно;

4) развиваться в отношениях, а не быть застывшим или законсервированным.

Поэтому вот Вам задание.

Представьте себе свои актуальные отношения (можно реальные, можно предполагаемые в будущем, тогда Вы для себя простроите модель желаемых отношений).

Как Вы для себя определяете вашу личную зону в этих отношениях?

Есть ли она вообще? Насколько проявлена?

Говорите ли Вы о своих желаниях?

Есть ли место, где Вы можете побыть наедине с собой или компания, в которой Вы можете набраться свежих впечатлений вне отношений?

Уделяете ли Вы внимание потребностям своего тела? Например, партнёр хочет секса сейчас, а Вы нет, как Вы обычно поступаете?

Насколько Вы развиваетесь профессионально, интеллектуально, музыкально, спортивно?

Ответьте на эти вопросы!

И помните, в отношения мы привносим только то, что имеем сами, то есть себя! Если Вы вкладываете время, усилие, внимание в себя, то вы всё это же вкладываете и в отношения!

Насколько Вы обогащаете себя, настолько же обогатятся ваши отношения и ваш партнёр!

Удачи вам и равновесия!

Мария Чичерюкина.

\*

Близость в нашей жизни.

Когда мы говорим о близости между людьми, что мы имеем в виду?

Это сходство взглядов, идей (некое представление о том, что мы похожи «он думает так же, как я»). Это интимные отношения («мы чувствуем друг друга, ощущаем одинаково»). Это некая Взаимосвязь между одним человеком и другим (некая энергетическая связь – «мы одинаково воспринимаем»).

С кем у меня может быть близость?

- С собой! Со своим телом, со своими желаниями, мыслями, чувствами. Часто ли мы обращаем внимание на то, как сидим, ходим, дышим? Или только когда почувствуем боль и дискомфорт. Даём ли себе право на чувства, желания? Спрашиваем ли себя «что ты хочешь»?

- С людьми. С моими родителями, детьми, друзьями, любимыми, мужем/женой, коллегами. Когда я смотрю на человека, кого я вижу? Его самого таким, какой он есть? Или образ, свои фантазии об этом человеке? И тогда с кем я близка: со своими фантазиями или с реальным человеком?

- С Природой, Вселенной, своей Судьбой. В моей практике, чтобы выйти на подобный глобальный уровень, надо сначала выйти на принятие себя таким, какой ты есть, людей, которые тебя окружают, такими, как они есть, тогда и свою судьбу человек принимает и близок с ней без страха и осуждения.

Итак, близость, в первую очередь – это принятие себя, другого, мира таким, как он есть.

Это не только результат, который в ощущениях и чувствах переживается, как лёгкость, благоговение, радость, иногда грусть, это и процесс – это отношения в динамике, с человеком, с собой. Например, сейчас я пишу эту статью и могу не допускать в своё сознание мысль, для чего я это делаю, могу ли я сказать, что близка с собой? Да, почему бы нет.

Второй вопрос, а устраивает ли меня эта дистанция? Хочу ли я её сократить? Хочу ли я подойти ближе к осознаванию мотивов своих поступков сейчас?

Здесь я ввожу такое понятие, как дистанция или расстояние.

Расстояние между мной и моими чувствами, например. Между мной и другим человеком. Эта дистанция постоянно непостоянна, то есть колеблется и зависит от того, насколько я выношу близость.

Например, молодая девушка идёт на свидание с молодым человеком, она взволнована, она возбуждена. У неё много мыслей о том, насколько она ему нравится, насколько он соответствует её ожиданиям, она думает о возможном предстоящем поцелуе или сексе с ним. Когда она с ним встречается, напряжение возрастает и даёт о себе знать тем, что потеют ладони, учащается сердцебиение, с лица не сходит улыбка, а голос дрожит.

Но она не убегает, то есть, несмотря на смущение, есть много желания, радости от такой встречи, и она способна находится с ним на таком расстоянии, в такой степени близости, что позволяет себя обнимать, держать за руку, дарить цветы. Но предположим, что дело дошло уже до секса, и тогда она понимает, что не готова, не хочет или вообще в замешательстве, надо ли ей это. И тогда она не идёт дальше на сближение, конечно, если прислушивается к себе, даёт себе время на обдумывание. И дистанция может даже увеличиться для того, чтобы побыть больше с собой и понять, хочет ли она сократить дистанцию.

Одна моя молодая клиентка пришла с таким запросом, что она встречалась с молодым человеком, который был её старше и хотел с ней интимной близости. Он ей нравился, и она хотела, чтобы и дальше их отношения продолжались, но решиться на первый в своей жизни секс ещё была не готова. Тогда мы стали исследовать, что происходит с её телом, когда он приближается к ней и возрастает возможность интимной близости, она сказала, что напрягала лодыжки всё больше и больше – там пряталось её смущение, и сигнал от ног говорил о степени её готовности подойти ближе или подпустить его к себе ближе. Таким образом, её тело стало верным советчиком на пути сближения, надо только внимательно прислушиваться к нему!

То есть мы видим, что на степень близости влияет куча вещей – это и наши мысли, и чувства, и телесные ощущения и внутренние запреты и розовые мечты – но это всё часть нашей личности – и хорошо бы это понимать.

Я могу быть близким, когда у меня есть свои границы, когда я понимаю, что я – это я.

Что сейчас я хочу вот этого, а чувствую то, а думаю об этом - и всё это Я. И я, такая, какая есть, иду на сближение с тобой, таким, какой ты есть!

Если нет ощущения СЕБЯ, происходит очень интересная вещь:

- либо меня втягивают в отношения, иногда даже в очень плотные и насыщенные (такое часто бывает у так называемых «спасателей», людей, которые очень быстро втягиваются

помогать другим, даже без особой необходимости и надобности),
- либо я отдаляюсь и не пускаю никого в свой мир; например, мужчина, который разорвал важные для него отношения, и в душе у него осталось ещё много боли, грусти, злости, но он не хочет встречаться с этими чувства, поэтому не открывает сердце своей новой девушке, ведь она может увидеть, насколько он беззащитен и тоже причинить ему боль.

То есть дистанция либо очень короткая, либо слишком длинная, и там присутствует страх.

В первом случае, страх отвержения – поэтому я приспосабливаюсь, соответствую желаниям других, лишь бы приняли, лишь бы не отвергли – это люди, которым трудно сказать «нет», «стоп».

Во втором случае, страх поглощения - люди с таким страхом контролируют себя и других, не любят показывать свои чувства, можно даже подумать, что они эмоционально холодные, на самом деле, они просто боятся, что демонстрация чувств сделает их уязвимыми и доступными.

Близость и правда делает доступными нас другим. В этом много риска и смелости.

Близость – процесс, который длится всю жизнь, мы то приближаемся, то отдаляемся.

Приближаемся, чтобы получить любовь, внимание, поддержку, безопасность; отдаляемся, чтобы лучше почувствовать себя, узнать себя, увидеть всё как бы со стороны. Но мы сами вольны выбирать, с кем хотим сблизиться, насколько и зачем нам это надо.

В гештальт-терапии (одно из направлений в психотерапии) есть такая молитва или постулат, который отражает суть этого направления.

«Ты пришёл в этот мир не для того, чтобы соответствовать моим ожиданиям. Я пришёл в этот мир не для того, чтобы соответствовать твоим ожиданиям. Если нам суждено встретиться, это прекрасно, если нет, то этому никак нельзя помочь».

О чём эта молитва? О том, что для близости нужно согласие обеих сторон, либо подойти ближе, либо позволить подойти к тебе ближе другому.

Мы часто сталкивались с ситуациями в жизни, когда, либо мы приближались слишком быстро, либо к нам приближались слишком быстро.

Например, женщина рассказывает своему любимому мужчине о том, какая у них будет свадьба, сколько детей, планирует совместную жизнь на 20 лет вперёд, не спросив, а что по этому поводу думает сам мужчина, насколько он готов к такому быстрому сближению.

Результат – мужчина злится про себя или отдаляется, не объясняя причин, если не умеет проговаривать свои чувства и боится оттолкнуть женщину. Всё равно он будет сопротивляться в той или иной степени. В этой ситуации женщина чувствует себя «как дома» в пространстве, в границах мужчины, а на самом деле действует как вор.

Возможна ли близость, если один готов и хочет подойти, а второй не согласен?

Возможна близость только на том расстоянии, на которое согласны оба, которое комфортно для обоих.

Оптимальная скорость сближения – это скорость наиболее медленного.

Когда другой человек настойчиво зовёт, приглашает вас к близости, не очень интересуясь, а порой и настаивая на своём – это детское стремление быть слитым, быть в безопасности или контролировать ситуацию и боязнь столкнуться с тем, что мир не соответствует его ожиданиям.

Когда другой человек принимает вас таким, какой вы есть сейчас, даже отвергающим, он видит вас, а не свои ожидания, и тем он сближается с вами, так как принимает вас, а не заставляет быть каким-либо в угоду себе.

Вот чем зрелая любовь отличается от незрелой, детской.

Незрелая любовь слепа к другому, к его мыслям и чувствам, она наполнена лишь своим вожделениям воссоединиться с желанным объектом. Как младенец, который проголодался и плачем даёт понять маме, что нуждается, он жаждет близости с едой, но это вопрос выживания! И он только берёт, и его не очень интересует, что вы сейчас сами голодны и у вас нет молока. Он не поймёт ваших объяснений, он сосредоточен на своих потребностях! Он просящий, он на уровень ниже.

Когда мы говорим о партнёрских отношениях, то мы на одном уровне, и мы как берём, так и даём в ответ.

В близости есть как понимание себя и своих желаний, так и понимание, и осознание желаний другого человека. И в этом есть уважение и почитание границ другого человека. Поэтому ему нет нужды защищаться, так как вы видите не только себя и своё желание сблизиться, но и его желание, его скорость, с которой он готов двигаться навстречу вам.

А, уважая границы другого, человек умеет уважать и свои границы, своё пространство и не даст вторгнуться в своё пространство тому, с кем он не готов или не хочет сближаться.

Близость возможна только:

- при осознавании своих границ, и границ другого человека,
- уважении к своему пространству и пространству другого,
- взаимном согласии к сближению, а также к возможному желанию отдалиться (в этом много смирения, признания, что у другого есть свои права),

- благодарности за то, что тебе дают то, которая проявляется в том, что я что-то даю в ответ.

В близости мы взрослеем, мы познаём самих себя такими, какие есть!

Всего доброго!

Глава вторая. Самосовершенствование или как избавиться от своих тараканов.

*

Есть ли место счастью в твоей жизни?

У каждого своего понятие о счастье. В этом мы разнимся, но похожи в том, что каждый человек хочет, ждёт, зовёт, бежит по пятам за своим счастьем.

В одной книге Берта Хеллингера я прочитала о том, что может пора остановиться, и счастье наконец-то догонит тебя?

Как Вам такая фраза? Она переворачивает всё с ног на голову! Обычно мы считаем, что счастье надо заслужить, счастье труднодостижимо, счастье мимолётно.

*Кстати, прямо сейчас можете приостановить чтение статьи и выписать на лист бумаги, какие у Вас представления о счастье. Такая работа поможет Вам поймать собственные установки, как позитивные, так и негативные, которые влияют на ход событий в Вашей жизни.*

Если разобраться с этимологией слово «счастье», то это означает быть «с частью» чего-либо. И наверняка Вы можете вспомнить такие моменты в своей жизни, когда Вы чувствовали себя частью чего-то большего, семьи, рода, мира в целом.

И это чувство давало Вам ощущение покоя, безмятежности, защищённости, свободы, безопасности, благости. Это могло произойти в результате разных событий: рождение ребёнка, пребывание на природе, разговор с человеком, участие в тренинге, семинаре, близость с любимым человеком.

А результат был таков, что вы чувствовали, что Вы на своём месте и всё хорошо, всё правильно, всё, как надо.

Но долго в таком состоянии нельзя находиться. Нас выбивают внешние события, люди. Или всё-таки можно?

У каждого своя способность выдерживать счастье! Тот, кто только о счастье мечтает, грезит, но не берёт, проходит мимо возможностей, не верит в его реальность в своей жизни, тот к счастью невосприимчив и долго его выдерживать не может.

Опыт своей жизни, опыт жизни своих родителей, своего рода, информация вокруг воспринимаются как руководство к действию, готовые жизненные сценарии. И счастье становится далёким, избегается, а даже если ненароком и заглядывает в жизнь, то человек говорит себе «нет, это ненадолго», «так не должно быть», «всё скоро закончится».

Но если человек способен выдерживать счастье, то он впускает его в свою жизнь, замечает его, радуется ему.

Счастье, оказывается, иногда трудно выдержать! К нему надо привыкать и тренировать себя быть счастливым!

Не верите? А Вы вспомните случаи из своей жизни или из жизни своих знакомых.

*Например, человек мечтает выйти на другой уровень финансовой обеспеченности. Ему это удаётся, но… ненадолго. То он деньги теряет, или у него крадут деньги, или просто растрачивает их на ерунду. Или вылетает с работы, не оправдывая доверия. Потому что трудно выдержать новый уровень. К нему надо быть готовым!*

*Или человек очень хотел крепких, надёжных отношений. И вот он встречает такого человека. Но почему-то на горизонте появляется третий, и его мучает ревность и неуверенность в себе говорит «ты его потеряешь».*

*Или сам человек начинает себя неадекватно вести, капризничать, дурачиться, и второму надоедает, и он уходит.*

Человек вернулся на прежний уровень своего счастья. Там как-то безопаснее. Но хочется всё равно по-другому!

Как же себя тренировать? Я не шучу. Я серьёзно.

Предлагаю следующее упражнение, которое я услышала от своего уважаемого психолога-преподавателя, Татьяны Василец.

1. Нарисуйте на полу в комнате мысленно или выложите предметами шкалу своего персонального счастья (под счастьем вы можете подразумевать, что Вам хочется, финансовое благополучие, романтические отношения, отменное здоровье или всё вместе).

2. Отметьте на шкале точку, где Вы находитесь сейчас. И точку наивысшего, абсолютного счастья для Вас.

3. Начните исследование своего счастья со стартовой точки. Прислушайтесь к своим телесным ощущениям, к своему эмоциональному состоянию. Какие мысли к Вам приходят!

4. Затем сделайте шаг или два (как кому захочется) в сторону абсолютного счастья для Вас. И также исследуйте своё состояние.

5. А для самых смелых задание со звёздочкой.

Встаньте на точку абсолютного счастья и почувствуйте, каково Вам там! Сколько Вы там можете простоять. Как из этой точки воспринимается Вами та позиция, с которой Вы стартовали? К вам могут приходить совершенно разные образы, чувства, мысли, просто отмечайте их для себя. Можно даже зарисовать, если того захочется.

Применяйте упражнение и приглашайте счастье в свою жизнь!

С уважением и весенней теплотой, Мария Чичерюкина.

*

В каком состоянии твой Ян?

В китайской традиции Ян – это мужское начало во Вселенной и также во внутреннем мире человека. В психологии мужское начало для женщины принято называть Анимусом (внутренний Мужчина).

Если думать, что только мужчине надо развивать свой Ян, то это очень большое заблуждение! Женщине нужно уметь понимать, в каком состоянии её Анимус или внутренний мужчина.

Чего он хочет? Как себя чувствует? Как выглядит?

Ведь именно Анимус в личности женщины несёт ответственность за достижение, за адаптацию, за успешность, за социализацию, за поиск и нахождение информации, ресурсов, за финансовую прибыль.

Сейчас так много тренингов, которые уделяют внимание женственности, сексуальности, текучести и гибкости, и это прекрасно! А о мужском начале женщины не принято говорить. Или говорят очень мало!

Между тем, если женщина знакома со своим Анимусом, уважает его, то:

- она может понять реальных мужчин, которые её окружают;

- она способна уважать мужчин;

- тогда ей не надо напрягать свои женские энергии, т.к. мужчины вокруг активизируются, и она получает с лёгкостью то, что ей надо (внимание, помощь, заботу, уважение).

Пример из моей жизни.

*Мне надо было решить техническую задачу, скачать какую-то программу, установить её, разобраться в ней, мне так не хотелось этого делать, я думала о том, как это тяжело, ведь я совсем не технарь, я гуманитарий. На самом деле, это было тяжело для моего женского начала. Помните эту фразу «я девочка, я не хочу ничего решать»? Но тут я вспомнила о том, что решение этой задачи я могу предложить моему мужскому началу. И…появилась энергия. И задача была решена, а я горда собой!*

Вот так действует мужское начало, если его осознавать и сознательно привлекать к решению повседневных задач!

И ещё, если в личности женщины Анимус силён, потентен, зрел, то и внешний мужчина вынужден становиться таким, искать новые способы развития. Или он просто уходит, и на его место приходит более зрелый и более ответственный мужчина.

Просто закон зеркальности! Вот и вся магия! Работайте с содержанием своего внутреннего мира!

Люби себя и своего Мужчину! До скорой встречи!

*

Все мы хотим одно и того же!

Все мы хотим быть в гармоничных счастливых отношениях со своим партнёром (мужем, женой).

Все мы хотим, чтобы мужчина был:

- ответственным;
- сильным;
- с внутренним стержнем;
- уверенным в себе.

И мы сами хотим быть зрелыми, независимыми, нежными, спонтанными, привлекательными и уверенными в себе женщинами.

Это и есть качества мужской и женской зрелости!

<u>Только надо помнить о том</u>, что зрелый мужчина получается из юноши, юноша – из мальчика, мальчик - из младенца.

И женщина формируется из девушки, девушка – из девочки, девочка – из младенца.

> И если не закрыты, не удовлетворены основные потребности детства, то, вступая в отношения, мы:
> - выбираем не тех партнёров (недоступных или эмоционально холодных, какими были наши родители);

- или вечно зависим от наших партнёров (очень важно их мнение и чувствуем себя детьми, боимся потерять, расстаться);

- или всё портим, когда казалось, что всё наладилось;

- используем детские стратегии поведения (выбираем злиться и обижаться, ожидать того, что наш партнёр нам дать не может).

Поэтому важно понимать, знать, чувствовать свою внутреннюю детскую часть и проверять, достаточное количество любви, защищённости, уверенности в себе имеет наш внутренний ребёнок.

До связи! С уважением, Мария Чичерюкина.

*

Как увеличить потоки радости в своей жизни! Только практические и проверенные рекомендации!

Приветствую, на связи Мария Чичерюкина, психолог и специалист по индивидуальным инициациям мужской и женской зрелости.

Человек, излучающий радость, привлекает к себе внимание, очаровывает!

Если ты ищешь себе партнёра, друга, мужа, то человек скорее откликнется на тебя, если ты легко и спонтанно себя выражаешь!

Если ты в отношениях, у тебя есть семья, то нет лучшего способа вдохновить мужа, очаровать его заново, чем вдохнуть жизнь в себя!

Итак, простые рекомендации!

1. Каждый день делай хоть что-то, что тебе нравится по-настоящему (приносит радость, вызывает восторг). Это должно быть дело, занятие, которое ты делаешь не потому, что должна, не потому, что так принято или это полезно!

Потому что тебе нравится, и ты получаешь от этого удовольствие! Это может быть твоя собственная чайная церемония или вязание, или сочинение стихов.

2. Если ты не находишь такого занятия, вспомни, что тебе нравилось делать в детстве, что тебя вдохновляло. Найди такое занятие!

Это, кстати, хороший повод провести ревизию своего расписания и понять, на что ты тратишь время своей жизни!

3. Раз в неделю, в месяц, в полгода уезжай из города или своего родного селения, чтобы сменить обстановку, отвлечься от обыденного.

4. Вспомни, что ты давно хотела сделать, куда давно мечтала пойти, чему желала обучиться. И сделай то, что постоянно откладывала. Пусть это будет одно занятие, одна встреча, но пусть она состоится!

5. Радость всегда связана с отдачей и дарением.

Кому и что ты сегодня подарила просто так от сердца, от души! Это мог быть добрый взгляд, вовремя доброе сказанное слово или ты сделала комплимент незнакомому человеку или попридержала дверь для соседа?

В любом случае, чем бы ты ни занималась, отслеживай, увеличивается ли количество радости и любви в твоей душе? Ты наполняешься или опустошаешься, делая то-то и то-то?

На искреннюю и неподдельную радость способны дети! И твоя внутренняя детская часть, если не зажата, не забита стереотипами, тоже способно фонтанировать идеями, энергией и позитивом!

С уважением и вдохновением, Мария Чичерюкина.

\*

Помоги мне! Я без тебя не выживу!

Доброго времени суток, на связи Мария Чичерюкина, психолог и специалист по индивидуальным инициациям мужской и женской зрелости.

Не пугайтесь заголовка, это не моё обращение к тебе, дорогая читательница.

Просто я хочу затронуть тему про внутреннего ребёнка.

И сегодня я предлагаю рассмотреть негативный полюс проявления детской части личности. Негативными проявлениями внутреннего ребёнка может быть излишняя обидчивость, ранимость, преобладание страхов, которые не дают двигаться вперёд.

Но я предлагаю сконцентрировать внимание на ответственности!

Взрослый человек берёт на себя ответственность, готов принимать критику, исправлять свои ошибки, учиться на них.

А если власть захватил негативный аспект внутреннего ребёнка, то человек может быть не готов брать на себя ответственность:

- он нападает в ответ и обвиняет тебя;

- он ищет себе оправдания;

- он притворяется слабым и беззащитным;

- он не готов признавать своих ошибок, а значит, не развивается;

- он не верит в себя и отказывается от своей силы, от попыток развиваться и учиться.

И тогда есть большое искушение найти себе взрослого человека и на него опереться, сесть ему на шею, свесить ножки и сказать «ты взрослее, ты и решай» или «я ничего не умею», «у меня ничего не получается».

И хорошо бы, чтобы этот взрослый человек (коллега по работе, мама, папа, муж, сестра, психолог) понимал, что поддержать Вас можно и нужно только до какого-то времени. А потом дать пиночек и пустить в свободное плавание!

Именно так рост и происходит!

Но как быть в ситуации, если ты заметила у себя вышеперечисленные тенденции в поведении?

1. Просто осознай, что проявляется внутренний ребёнок.

2. Скажи себе «да, сейчас мне страшно признать свои ошибки», «да, я не готова сейчас слышать критику» (очень многие не признаются сами себе в своих чувствах).
3. Загляни в себя и спроси у своего внутреннего ребёнка, что ему сейчас нужно, как его можно поддержать (прежде представь себе внешний вид и настроение своего внутреннего ребёнка).

В нашем сознании часто можно обнаружить, что слово «ошибка» и «вина», «плохой», «неудачник» каким-то чудесным образом взаимосвязаны.

Просто объясни себе маленькой, что ошибаться МОЖНО, что это не страшно, что это естественно и говорит о твоём развитии и движении вперёд. И что не обязательно всегда всё делать на отлично!

Таким образом, ты проводишь в отношении себя ту воспитательную функцию, которую забыли провести родители, учителя. Ты даёшь себе ту поддержку, в которой нуждаешься, а значит, уменьшаешь зависимость от людей, которые тебя окружают.

Это достаточно простые действия, но и они требуют внутренних усилий с твоей стороны!

Бери на заметку и применяй!

Всего доброго!

\*

Как быть хорошей…(женой, мамой, сестрой и т.д.).

Приветствую вас, мои уважаемые читательницы!

Быть хорошей, значит, соответствовать неким ожиданиям, как своим, так и своих близких.

*Например, в моём понимании быть хорошей мамой, значит быть достаточно отзывчивой, внимательной к детям, чувствительной по отношению к их потребностям, доброй, проявляющей любовь, ласку, заботу в том количестве, в котором это сейчас нужно детям.*

На это нужна энергия, силы, потому что на время отодвигаешь свои потребности на второй план, но осознаёшь их.

Иначе, если и отодвигаешь и не осознаёшь своих желаний и потребностей, то это приведёт в конечном итоге к истощению, ссорам, недопониманию с близкими.

А если не хватает сил и энергии на то, чтобы быть хорошей? Особенно это актуально сейчас, в переходный период с осени на зиму, когда мало солнца, мало тепла, а до праздников ещё далеко.

Запас сил необходимо пополнять. Как?

На эту тему позвольте приведу несколько техник.

1. Каждый день задавайте себе вопрос «Что я хочу?» Даже если ты не сможешь прямо сейчас своё желание осуществить, то само

осознание, чего конкретно ты хочешь, скорее тебя приведёт к исполнению желания.

2. Напишите список своих желаний. Простая инвентаризация своих желаний даёт всплеск энергии и хорошего настроения. Так как энергия обычно выделяется на осуществление желаний и достижение целей. Значит, с ними нужно познакомиться и периодически встречаться.

3. Если желание не осуществимо (например, я хочу на море и знаю, что сейчас это для меня нереально), то я могу помечтать. Да, осознанное, целенаправленная мечта работает на то, что хотя бы во внутреннем мире, но желание осуществляется. Мечтать можно перед сном и сразу после просыпания (кстати, именно в эти моменты идёт и программирование, так и мы можем программировать себя на хорошее настроение, давать себе установки, формировать намерения, спрашивать совета у своего бессознательного).

4. Напишите список тех вещей, которые действительно положительно влияют на Вас и поднимают настроение.

Сюда могут входить очень простые приёмы самопомощи, такие как заварить себе любимый чай и попить его в тишине или прогулка по любимой аллее (массаж, ванна, прослушивание любимых мелодий, просмотр старых добрых комедий). Это очень простые вещи, но мы можем забывать о них, хотя их не реализация не требует больших затрат сил.

4. Представьте себе Ваш запас энергии в виде большой батарейки и представьте, на сколько процентов она заряжена прямо сейчас. Если Ваш запас энергии также на слишком низком уровне, значит, пора принимать быстрые меры.

Подключите себя к источнику питания. Каким он будет для Вас, решайте сами. Предоставьте выбор своему внутреннему миру, он сам выберет для вас наиболее подходящий источник питания – Солнце, океан, электрический ток, солярий. И не надо недооценивать силу своего воображения.

То, о чём Вы думаете, что себе воображаете, то составляет содержание вашего внутреннего мира, который потом находит отражение вовне.

6. Если Вам нужна помощь, поддержка со стороны близких и родных, то умейте попросить о том, что Вам важно. Не надо думать, что Ваши близкие догадываются о ваших желаниях и нуждах, они могут и не знать, и пока Вы не скажите словами, то можете помощи и не получить. И пенять будет не на кого.

7. Наполнение энергией требует определённая часть нашего внутреннего мира. Вот Вы себе говорите «у меня нет сил, не хватает энергии», а на самом деле в пополнении энергии нуждается конкретная часть личности.

Наш внутренний мир состоит как минимум из двух частей – из мужской и женской части. А есть ещё детская часть или внутренний ребёнок.

Как понять, кто именно нуждается в поддержке, а главное – в какой поддержке? Сделать это просто.

1) Возьмите три чистых листа бумаги. Обозначьте их «М», что означает мужское, «Ж» (женское) и «Р» (внутренний ребёнок).

2) Разместите эти 3 листа бумаги на полу относительно друг друга так, как считаете нужным и встаньте поочерёдно на каждое место.

3) Почувствуйте своё тело и эмоциональное состояние на каждой позиции. Вам сразу придёт ответ, в чём нуждается мужская часть внутреннего мира, женская часть и детская часть. Просто будьте внимательны и честны сами с собой.

4) И на символическом уровне по возможности представьте, как желания на каждой из трёх позиций осуществляются!

Надеюсь, что Вам обязательно пригодится хотя бы часть этих техник!

Солнца Вам в эти пасмурные и не очень щедрые на тепло дни!

С уважением, Мария Чичерюкина.

\*

Баланс между "надо" и "хочу".

У некоторых людей возникает закономерный вопрос – как найти такой баланс в жизни, чтобы «надо» не стало главным в жизни, но и чтобы «хочу» не засосало, иначе мы рискуем оказаться в сетях наслаждений, отойти от привычных дел, и в результате ничего не достичь?

А достижение целей важно, необходимо.

Цель даёт нам энергию двигаться вперёд, важно, чтобы она соответствовала нашему предназначению.

Мужское начало, которое отвечает за достижения целей, успех, зарабатывание денег, успешную адаптацию и социализацию, реализацию проектов говорит «нам надо туда», «мне важно быть успешным».

А женское начало, Душа отвечает за накопление и сохранение сил, радость жизни, процесс, удовольствие, вдохновение. И Душа может смотреть совсем в противоположную сторону.

И если между этими двумя началами нет договорённости, внимания друг к другу, то мы можем отдать предпочтение завоеванию мира и забыть про накопление, вдохновение, что рано или поздно приведёт к:

- усталости;

- лени, апатии;

- чувству тяжести из-за своих же проектов, которые раньше вызывали восторг и энтузиазм;

- или тем же самым телесным болячкам.

Ведь не зря же говорят «работать с душой», «занятие по душе». Это когда то, что ты делаешь и те идеи, которые ты реализуешь, соответствуют предназначению твоей души.

Если же погрузиться в удовольствие, процесс, радость, то забываются цели. И с некоторых пор человек может начать ощущать, что он что-то упускает в своей жизни, что его потенциал не реализуется, и он непродуктивен в полной мере.

А плодотворность возможна, только если соединятся мужское и женское начало (семя попадает в почву и прорастает растение).

Как нам наладить процесс взаимодействия между Духом и Душой?

1. Представь себе, что есть две окружности.

Одна побольше (это мужское начало), вторая поменьше, находится внутри большой окружности (женское начало).

2. Положи прямо на пол листы бумаги или предметы, символизирующие мужское и женское начало.

3. И встань по очереди на место каждого из начал.

4. Ощути телесно, эмоционально, как вам стоится на каждой из позиций.

Как себя чувствует твоё тело, уверенно ли ты стоишь, насколько прямая спина, на кого или на что ты смотришь.

5. Что ты хочешь, стоя на каждой из позиций? Определи своё желание и мысленно удовлетвори его.

6. И если будет возможно, пусть твоё мужское и женское начало обменяются дарами (это могут быть любые подарки). Например, стоя на месте мужского начала, ты увидишь, что женскому одиноко, ты можешь подарить романтический ужин в шикарном ресторане вдвоём или поездку на море. А женское начало вдруг, увидев, как мужское неуверенно в себе, подарит ему годичный абонемент занятий карате.

7. Завершай упражнение, когда почувствуешь, что контакт, хоть малейший между мужским и женским началом установлен.

Затем выйди из позиций и посмотри на два своих начала со стороны. Как они выглядят со стороны? Что хочется подарить своей мужской и женской части от своего Я, когда ты видишь их со стороны? Сделай им символические подарки.

Это упражнение помогает диагностировать, что происходит в твоём внутреннем мире и одновременно проводить своевременную самотерапию или самопомощь, чтобы усталость, болезни или внутреннее неудовлетворение не перестали во что-то большее.

С уважением и пожеланием внутренней гармонии и внешней продуктивности, Мария Чичерюкина.

\*

Знаки нашего тела или почему мы обращаем внимание на себя только, когда заболеем?

На написание этой небольшой статьи вдохновила собственная простуда. И люди вокруг меня, родные и клиенты, которые тоже болеют.

Я заметила, что заболеваю не сразу, сначала физическому недомоганию предшествует усталость, желание отдохнуть, как-то перезагрузиться, не думать о привычных планах и делах.

Почему мы замечаем, что не туда идём только тогда, когда болезнь нас приковывает к постели (хорошо, если не к больничной)?

Я такой вопрос задала себе и получила ответ, что, похоже, мы очень сильно держимся за какие-то планы, схемы, простроенные в голове.

И придаём им такое большое значение и так сильно стремимся к их воплощению, что всё остальное воспринимается как помеха и препятствие.

А помехой может стать что угодно:

- чувство усталости, накатившее с утра;

- нежелание заниматься намеченным;

- ребёнок, который рядом играет и требует внимания;

- сломанная машина и т.д.

В общем, мир нам постоянно сигнализирует о том, в правильном ли направлении мы движемся.

А кто это направление определяет?

Вроде бы, ответ очевиден. Мы сами и определяем.

<u>Но делаем это с помощью своего Эго.</u>

Но ведь есть ещё и некие божественные, космические силы (сразу говорю, это моя точка зрения, я никого не принуждаю размышлять так же, как я).

И эти силы (космическая Душа, божественный разум, Бог, Вселенная) имеют свою логику.

И эта логика не человеческая. Она соответствует каким-то другим принципам и законам, про которые мы можем что-то знать, но забыть или не знать ничего, тем не менее, они работают по отношению к любому человеку.

Мне пришла в голову интересная и понятная метафора.

*У кого есть дети, те знают и помнят, какие они непоседливые, любопытные, особенно в год и два. Делают, что им вздумается, лезут на столы и стулья, хватают стеклянные предметы. И при этом делают это не для того чтобы позлить своих родителей. Их ведёт их логика, их интерес, любопытство.*

*И они очень возмущаются, когда их останавливают словом, а иногда и шлепком по попе.*

То есть они попадают в зону, где их желания не совпадают с желанием родителей, потому что те видят, здесь ребёнок может упасть, причинить себе вред, и чтобы предотвратить это, родители действуют.

Болезнь – это тот же самый дискомфорт, когда нас останавливают.

Нам кажется, что это несправедливо, больно, может даже незаслуженно.

А если перейти на другую, более высшую логику, то закономерно, справедливо и даже полезно.

Лично мне простуда помогла ощутить радость жизни.

Ведь, когда заболеваешь, то обычные дела приходится отложить.

И «надо» приходится откладывать и сосредотачиваться на том, что мне приятно, что я хочу.

И вот какую интересную закономерность я заметила: стоило мне пожить день, два в режиме – я никуда не спешу, я себя не тороплю, я наслаждаюсь моментами, как стали находиться силы на привычные дела, я стала успевать многое из того, что раньше напрягало.

То есть силы находятся, хранятся внутри нас, но их надо пробудить за счёт внимания не только к своей логике и планам и достижениям, но и к своей душе.

Я желаю Вам гармоничного баланса в разных сферах Вашей жизни.

С уважением, Мария Чичерюкина.

*

Для чего мы стремимся угождать другим людям?

Я думаю, что если Вы эту статью читаете, то либо Вам свойственно угождать другим людям, либо такому поведению привержены Ваши знакомые и близкие люди.

И есть понимание того, что это не совсем правильно, что иногда хотелось бы сказать или сделать что-то по-своему, сказать «нет», но…

Почему-то возникает какой-то страх, и прежняя тенденция сделать приятное другому, хотя он об этом не просил, вырывается наружу.

И вот мы льстим или скрываем правду, чего-то недоговариваем, откровенно лжём, чтобы….

А вот зачем мы это делаем?

Я написала в начале статьи – чтобы сделать приятно другому?

Но так ли это на самом деле? Или мы хотим уберечь себя от недовольства другого человека, от его агрессии в наш адрес, от собственной агрессии в адрес другого.

Где мы в первую очередь учимся контактировать со своей агрессией?

В семье, конечно же. А у кого мы в первую очередь учимся этому? У своего отца, конечно же. Потому что отец, в первую очередь, носитель природной мужской агрессии. У женщин тоже конечно есть агрессия. Итак:

- Что мама и папа говорили друг другу, когда были недовольны, злы?
- Как проявляли свою злость в адрес друг друга?
- А в Ваш адрес, когда Вы были маленьким ребёнком?
- Что говорили Вам, когда Вы злились, будучи маленьким?
- Позволялось ли вообще проявление агрессии в Вашей родительской семье или это было под запретом?

А лучше сказать, что транслировали родители друг другу? Так как могли ничего не говорить, но по виду и поведению родителей было ясно, что Вами недовольны, Вас не принимают, осуждают, и вообще злиться – это плохо.

А иногда родители даже не понимают, что причинили что-то нехорошее ребёнку своим словом или действием.

*Например, мама вышла на работу и отдала ребёнка в детский сад, и он не понимает, что ему делать в этом незнакомом месте, кто все эти дети, непонятные тёти, и вообще хочется домой.*

*Мама вроде бы чего-то объясняла, но всё равно остаётся непонятным, что я здесь делаю, меня мама больше не любит, не хочет? Я больше не нужен?*

И тогда чтобы не потерять любовь мамы или любого другого человека, мы принимаем внутреннее решение «быть хорошими», «быть послушными», «соблюдать правила».

Нам <u>кажется</u>, что тогда это поможет удержать любовь и внимание на себе, тогда можно будет получить недостающую порцию любви в свой адрес.

А если говорить то, что думаешь, если вести себя так, как считаешь нужным, то другой человек <u>может</u> остаться недоволен, отвернуться от тебя, и тогда…

Ты останешься один. От кого ты будешь получать любовь?

Так работает наше детское мышление, так устроен наш внутренний ребёнок, который жаждет любви, внимания и каждого человека рассматривает как источник этой любви и внимания.

Поэтому, каждый раз, когда Вы ловите себя на том, что готовы льстить, угождать, а не отстаивать свою позицию, спросите себя:

- Так ли уж страшно, если я выскажу своё мнение?

- Какие последствия меня ждут?
- Действительно ли этот человек может дать мне ту любовь, на которую рассчитывает мой внутренний ребёнок?

А работать со своим внутренним ребёнком, встречаться с ним Вы можете, когда пожелаете.

1. Просто погрузитесь в свой внутренний мир, закройте глаза, успокойте дыхание и представьте себе своего внутреннего ребёнка.

2. Представьте, как он выглядит, какого пола, где находится, во что одет, его настроение, а главное, его желания.

И если Ваш внутренний мальчик или девочка хотят, чтобы их обняли или подарили новую игрушку, выполните мысленно это желание, ведь во внутреннем мире возможно всё!

Такое упражнение медитация может занимать у Вас и 5 минут и 20 минут, всё зависит от Вашей степени погружённости в процесс и готовности видеть то, что предоставляет Вам внутренний мир.

Зелайте такое упражнение хотя бы 5 дней подряд, чтобы для Вас стало привычным и нормальным обращать внимание на свою детскую часть и её потребности.

4. Ведь если Вы сами можете удовлетворить желания своего внутреннего ребёнка (пусть и на символическом уровне), то тогда нет нужды зависеть от других людей и ждать от них любви, внимания, заботы.

Когда Вы любите себя и умеете дать себе то, в чём нуждаетесь, то люди также способны давать Вам то, в чём Вы нуждаетесь, причём легко и ненавязчиво.

С уважением, Мария Чичерюкина, психолог, специалист по инициациям мужской и женской зрелости.

\*

Твоё женское достоинство!

Что такое женское достоинство? Как его достичь и ощутить?

Я думаю, не ошибусь, если предположу, что ощущение своего достоинства важно для тебя.

Мы всегда безошибочно угадываем, открыто ли в человеке его достоинство, чувствует ли он, что достоин, а главное – чего он достоин. И в соответствии с его уровнем достоинства обращаемся с ним.

Кому-то мы способны дерзить или игнорировать, или не слишком ценить. А кому-то оказываем уважение, как будто он очень важный человек, хотя он ничего особо не сделал.

Какие у тебя ассоциации со словом «достоинство»? Собственная ценность, значимость, уверенность, гордость, прямая спина…

Как почувствовать и ощутить своё достоинство?

Одним из мастер-классов, который меня поразил на Первой Международной Конференции по инициационной терапии мужской и женской зрелости, стал мастер-класс «Коронация», проводила который Татьяна Борисовна Василец, директор Российского института инициаций мужчины и женщины.

У каждого участника мастер-класса была возможность соорудить себе трон из подручных средств. А потом подойти по очереди к остальным участникам, заглянуть им в глаза и сказать (не спросить, не настоять), а просто сказать «я достойна» или «я достоин». И услышать в ответ «да, ты достойна» или «да, ты достоин».

После этого пажи надевали на голову корону (воображаемую) и сопровождали новую Королеву или Короля на его трон. И на троне можно было сидеть столько времени, сколько хотелось. Кому-то было достаточно пяти минут, кому-то не хватало и двадцати минут. После этого можно было сойти с трона, но при этом остаться Королевой или Королём и все аплодировали новой коронованной особе!

В каждой из нас живёт Внутренняя Королева и Внутренний Король.

Как же можно работать со своей внутренней Королевой или Королём?

1. Ты можешь представить прямо сейчас свою Внутреннюю Королеву и своим внутренним взором увидеть, как она выглядит, сколько ей лет, счастлива ли она, чего она хочет, есть ли рядом Король.

Если наша внутренняя Королева пробуждена, напитана любовью, энергией, тогда она способна править, создавать новые традиции, служить своему народу.

Если ты заметила, что твоя Внутренняя Королева страдает от одиночества, грусти, то ты можешь спросить «что бы сейчас больше всего хотелось моей Королеве», и, получив ответ, представь, что всё происходит, как она хочет.

Может, она голодна или одета недостаточно роскошно, или нет короны. Или рядом нет Короля, и забота о королевстве легла на её плечи.

2. Ты можешь сочинить целую историю про свою Королеву. И нарисовать рисунки.

Такая работа поможет соприкоснуться более глубоко со своим внутренним достоинством. Ведь все мы хотим чувствовать себя уверенно и ходить с прямой спиной и поднятой головой.

3. Ты можешь в домашних условиях соорудить себе трон и сидеть на нём в образе Королевы столько, сколько захочется.

4. Ты можешь подходить к зеркалу и, глядя на себя, говорить себе (не убеждая, и не спрашивая, а просто утверждая) «я достойна».

Конечно, более сильный эффект, когда тебе это говорят окружающие люди, но и самой себе говорить такую фразу не менее полезно.

Работа с Внутренней Королевой даёт возможность пробудить твою природную уверенность на глубинном уровне.

С уважением, Мария Чичерюкина, практикующий психолог, специалист по индивидуальным инициациям мужской и женской зрелости.

*

Что ты излучаешь?

Здравствуй, уважаемая читательница.

В Москву пришла Весна, небо кристально голубое, солнце сияет, и очень приятно, что снова можно жмуриться от света.

И это радует так, что зажигает в душе какие-то неведомые огоньки и мечтается о хорошем само собой.

Именно про мысли и мечты хочу сегодня поговорить я с тобой.

Я думаю, что ты знаешь – женщина, та, которая творит атмосферу в семье, в коллективе, в доме.

Иногда одно доброе слово, сказанное вовремя и от души способно наполнить твоего мужчину силой и решительностью. И то же слово, сказанное не вовремя, не от души способно навредить, внести разлад и смятение.

И чтобы нести свет, от которого можно питаться, и к которому тянутся люди, важно следить за чистотой своих мыслей.

*Замечала ли ты за собой такое, что к тебе часто подходят спрашивать дорогу? Или дети подходят и могут просто погладить и ласково посмотреть в глаза? Или совершенно чужие люди могут раскрыть душу и говорить о наболевшем?*

У меня были такие ситуации и не раз. Это для меня как лакмусовая бумажка, значит, мой внутренний мир сейчас сбалансирован. Мы все тянемся интуитивно к людям, особенно к женщинам, которые излучают добро, любовь, свет, благодать.

И важно заботиться о чистоте не только на физиологическом уровне, но и на уровне ментальном.

Недостаточно, хотя и важно, нужно:

- только вкусно готовить;

- следить за собой и хорошо выглядеть;

- быть образованной и интересующейся.

Важно ещё, какие вибрации ты излучаешь!

Да, ты можешь улыбаться, но если на душе скребут крысы (как говорила героиня Одри Хепберн «Завтрак у Тиффани»), если ты наполнена злостью, то никакая внешняя маска не скроет твоего состояния. И ты не сможешь ничего привнести позитивного в отношения с любимым мужчиной, детьми, родителями, коллегами.

Как заботиться о чистоте своего ментального плана? Я придумала простое упражнение!

Так как сложно постоянно отслеживать свои мысли и осознавать, чем конкретно сейчас наполнена моя голова, то можно сделать проще.

Спрашивай себя время от времени в течение дня, с каким образом ассоциируется сейчас твоё настроение? На что оно в целом похоже?

И образ придёт мгновенно! Это может быть скалистая высокая гора, или понурый человек в сером плаще или богато украшенный стол. Когда я думала о написании этой статьи и подбирала слова к своему настроению, то мне пришёл образ садика с только появляющимися ростками.

И если образ Вас радует, насыщает, наполняет радостью, то с твоим настроением всё в порядке.

А если образ наводит тоску, уныние, разочарование, страх, то прямо во внутреннем мире измени свой образ так, чтобы он тебе нравился. Скалистую гору можно одеть в растительность и поселить там живность. Серого понурого человека одеть в красивую яркую одежду и подарить ему подарок!

Не скупись, ведь это твой внутренний мир, в нём возможно всё!

Но как быть, когда сил, энергии нет ни на какие осознавания, отслеживания своих мыслей, когда ты чувствуешь истощение, слабость, усталость?

Тогда важно сначала напитать себя энергией и любовью.

С любовью и уважением, Мария Чичерюкина.

*

Свобода быть собой!

Уже много говорится о том, что принимать себя такой, какая ты есть – прямая дорога к счастью, гармонии и целостности.

На эту тему есть замечательная притча.

*«Однажды Король вошел в свой сад и обнаружил, что все деревья, кустарники и цветы в нем увядают на глазах. Дуб сказал, что умирает потому, что не такой высокий, как сосна. Сосна – от того, что не может давать виноград, а виноград – потому, что не может цвести также прекрасно, как роза.*

*Лишь один цветок, анютины глазки, был свеж и цвел, как всегда. Король полюбопытствовал, почему же он цветет, как ни в чем не бывало. Цветок ответил: «Когда ты посадил меня, то хотел иметь в своем саду именно анютины глазки.*

*Я принял это как само собой разумеющееся.*

*Если бы ты желал видеть в саду только дуб, виноград или розу, ты бы посадил их. А я, если не могу быть ничем иным, кроме того, чем являюсь, буду стараться быть этим как можно лучше».*

Правда, иногда мы забываем о том, кто мы и стараемся быть какой-то другой, кому-то подражать.

В то же самое время мы можем проявлять себя в разных сферах жизни!

Но иногда складывается так, что мы забываем об этом многообразии и зацикливаемся только на работе или семье или детях, или своём бизнесе.

И тогда мы чувствуем вялость или апатию, пропадает интерес к жизни, возникает ощущение сжатия и связанности.

Становится скучно жить. Скучно жить с собой.

И вот мы ищем интерес в еде, сексе, других людях.

А в первую очередь интерес к жизни кроется в нас самих.

- Где ты себя ещё не проявила?
- Какая твоя роль ещё не реализована (путешественницы, писательницы, мамы, кулинара)?
- Где тебя слишком много? А где слишком мало?

Возможно, ты связала себя какими-то убеждениями, обещаниями, как правильно и надо жить.

Желаю тебе осознать свои желания и их осуществить!

Радости и гармонии, Мария Чичерюкина.

*

В день всех влюблённых хочется сказать…

Я желаю всем влюблённости в жизнь, в себя, в мир вокруг!

Влюблённость – это некое погружение, слияние. У этого процесса есть и положительные, и отрицательные стороны.

Сливаясь, теряем себя, теряем свои границы, и как бы отдаём себя на откуп другому – человеку, вещи, чувству. Смотря с чем сливаемся.

И тогда оказываемся во власти этого предмета, человека, чувства. И тогда мы можем стать одержимы, зависимы.

А без слияния и погружения можно поверить в свою обособленность и отдалённость друг от друга, от мира, от людей. И от того очень сильно грустить. Как будто ты ни с кем не связана.

*Мы все были в слиянии. С мамой, например. Нам всем знакомо это состояние тепла, комфорта, близости, заботы, единения.*

Я желаю вам, уважаемые читатели, осознанно погружаться, влюбляться, соединяться.

Осознанно – это значит, по желанию входить в отношения с миром, собой, людьми и выходить из них, когда хочется уединения, покоя, отдыха, ничего не боясь!

Не грустите, радуйтесь! Особенно это важно делать нам, женщинам, и тогда мужчина рядом будет вдохновлён и рад достигать чего-то нового!

Радости всем и вдохновения! Мария Чичерюкина.

\*

Откуда черпать вдохновение?

В прошедшее выходные посетила театр впервые за долгое время. В спектакле я услышала ответы на некоторые свои вопросы, которыми хочу поделиться с вами.

Помните, я говорила уже не один раз, что женщина вдохновительница мужчины на новое, на свершения, на достижения.

А где самой черпать вдохновение?

Особенно если на работе запарка, и о детях надо позаботиться, и Новый год на подходе, и всем хочется купить подарки, и свою внешность привести в порядок, и…

Словом, дел много. И сил, желания, времени на всё не хватает.

Удивительно, но факт. Вдохновение можно черпать просто из жизни вокруг, просто из окружающего пространства.

Вспомните ребёнка лет 2-3, который трогает и ощупывает предметы вокруг, прислушивается к звукам окружающего мира, удивляется каждому яркому пятну на горизонте. Он может долго что-то рассматривать, ощупывать, и ему не скучно, а интересно. Он познаёт мир.

Всё кажется новым, неизведанным, интересным, потому так много вопросов «почему», «как», «что».

Что удивляет тебя?

Не спеши с ответом. Оглядись вокруг. Разве этот мир не заслуживает удивления и восхищения?

Разве не странно, как без нашего ведома встаёт и заходит солнце, как день сменяется ночью, то падает снег, то дождь.

Удели несколько минут сегодня только созерцанию мира того, который вокруг тебя.

Не надо представлять ничего заоблачного, ни о чём мечтать, просто понаблюдай вокруг себя.

Если ты одна в комнате, рассмотри вещи, мебель, стены, потолок. Если выйдешь на улицу, понаблюдай за людьми, природой, за своим дыханием.

*Но я-то уже взрослая, зачем мне так поступать?*

*Ведь глупо будет, если я буду рассматривать букашку на травинке.*

*Мне будет скучно.*

*У меня нет времени.*

Если тебе захотелось сказать такие слова, то знай, работает твоё сопротивление или внутренний тормоз.

Или ты можешь, осознавая какую-то часть внутри тебя, которая сопротивляется, всё-таки обратить внимание на внешний мир, отключить мозг, на время отложить мысли, и погрузиться в мир ощущений.

Для этого просто:

- открой глаза и позволь понаслаждаться твоим глазам тем, что они будут видеть;

- прислушайся к звукам вокруг;

- потрогай предметы, которые тебя окружают.

Возможно, на прогулке тебе захочется прикоснуться к шершавой коре дерева или послушать шум города, машин. Просто погрузись в мир ощущений и возьми отпуск от своих мыслей на несколько минут.

Это вполне возможно!

Даже несколько минут в день дадут тебе возможность перезагрузить мозг, расслабиться, отпустить напряжение и насладиться этим миром, таким, какой он есть!

Удачной и радостной подготовки к встрече Нового года!

С уважением, Мария Чичерюкина.

\*

Создать себе праздничное настроение!

Поразительно, но я чувствую и жду, и предвкушаю праздник Нового года и рождества. Со мной не было такого давно!

И знаете, что мне помогает?

Сегодня я занималась тем, что хотела.

Устроила себе отгул от привычных дел. Я смотрела интересные фильмы, гуляла с дочкой, дышала свежим зимним воздухом, рисовала, читала книгу.

Это называется жить, как я ХОЧУ!

Какое место слово «хочу» занимает в твоей жизни?

- Как часто ты осознаёшь, чего хочешь?
- Как часто делаешь, что хочешь?
- А что ты хочешь прямо сейчас?

Не спеши с ответом, ведь это может быть очень незначительная вещь, например, потянуться или выпить чашку кофе или посмотреть на себя в зеркало или выговориться или всплакнуть. Осознай это, а для этого притормози и прислушайся к себе, а потом сделай.

Чего ты хочешь прямо сейчас? (Читай только после того, как ответишь).

Почему я так настаиваю на этом?

Слово «хочу» очень созвучно женской природе и женскому естеству.

Следуя за своим «хочу» (умея его ловить, осознавать, чувствовать), ты сможешь <u>радовать себя</u>, а значит и людей вокруг,
и <u>вдохновлять</u> своему мужчине на новые достижения.

Я даже уверена, что ты уже это знала. Только возможно забыла. Я тоже иногда забываю. Но никогда не поздно вспомнить!

Женственность и правда требует, чтобы её осознали и дали добро на развитие, но это уже другая тема.

Праздничного тебе настроения. С уважением, Мария Чичерюкина.

\*

Как привнести немного волшебства в свою жизнь?

Здравствуй, уважаемая читательница.

Если ты не знала, если знала, но забыла, если и знала, и помнишь, но не знаешь, как распорядиться данной информацией…

Сегодня нам предстоит самая длинная ночь в году!

Ночь – это иньское состояние, женское.

Соответственно, интуиция, созерцательность, чувствительность, способность видеть сны и получать таким образом послание от своего внутреннего мира обостряется!

Что полезно и важно делать в это время?

1. Подвести итог уходящего года, понять, что тебе важно, нужно оставить в прошлом, от чего ты хочешь избавиться, что ты не хочешь нести с собой в настоящее и будущее.

2. Сформулировать ясно, чётко и понятно (для себя), как ты хочешь прожить предстоящий год, что ты точно хочешь в нём видеть, с кем быть, где жить, что носить (чем конкретнее запрос, тем он проще выполняется), как себя чувствовать.

Чтобы ответить на эти два вопроса предлагаю очень простую в исполнении технику «картина настоящего».

Возьми лист бумаги (любого размера) и значками, словами, символами обозначь на нём всё то, что есть сейчас в твоей жизни, что тебя окружает, что тебя радует, злит без утайки от самой себя. Подбирай место и размер для каждого символа интуитивно, не задумываясь правильно/не правильно.

На картине твоего настоящего ты можешь поместить:

- не только людей (себя, мужа, детей, родителей, коллег);

- но и домашних питомцев;

- работу;

- чувства;

- какое-то событие, счастливое или не очень;

- даже слово или мысль.

В общем, всё то, что тебя явно цепляет и отчётливо присутствует в твоём настоящем.

Затем посмотри на готовый рисунок твоей настоящей жизни.

- Какие чувства в тебе вызывает картина твоего настоящего?
- Кто или что в нём лишнее?
- Кого хочется поменять местами?
- Может быть изменить размер того или иного символа?
- Чего явно недостаёт, что ты хочешь добавить?
- Где находишься ты и кто с тобой рядом?

И смело добавляй, будь то чувство уверенности, два мешка с деньгами, новое платье, улыбка на лице любимого человека.

Ведь наше подсознание понимает язык символов, а не логики.

Поэтому отключи голову, нарисуй свою картину настоящего, и ты чётко увидишь, что ты хочешь оставить в прошлом, а что добавить, улучшить, привнести!

Желаю тебе удачного выполнения этого задания и приятного вечера и красивой ночи!

С уважением, Мария Чичерюкина.

\*

Ты женщина! А как ты это поняла?

Тебе может быть уже за 20 или за 30 или больше, а в душе ты иногда чувствуешь неуверенность, как будто ты пятилетняя девочка.

Или считаешь, что слово «женщина» обидно и некрасиво и гораздо приятнее называть себя «девушкой».

Или ничего необычного не происходило, просто в детском саду ты была девочкой, в школе стала женщиной, а после института стала женщиной.

Где эти границы перехода? Кто их определяет?

В культурах разных народов существовали специальные обряды, инициации, которые позволяли <u>совершить внутренний переход</u> из одной позиции в другую и <u>получить благословение</u> от старших членов семьи и рода.

Отсутствие таких специально организованных мероприятий и переходов ведёт к тому, что:

1. девочки стесняются своего меняющегося тела и не знают, что делать со своей сексуальностью. Им никто не объясняет, что делает женщина в семье, в паре, кто какие функции выполняет. В лучшем случае она подсмотрит, как это происходит в её родительской семье, и потом скопирует (жизнь по сценарию) или попытается всё сделать наоборот (жизнь по антисценарию). И всю жизнь будет чувствовать, что живёт не своей жизнью и пытается кому-то что-то доказать.

Результаты во взрослой жизни:

- неудовлетворённость своей фигурой;

- неуважительное отношение к телу, здоровью;

- неумение следить за собой;

- недостаток уважение к себе со стороны мужчин;

- недостаток внимания со стороны мужчин;

- недопонимания в отношениях с партнёром.

2. Мальчики стесняются своего меняющегося голоса, не знают, куда деть свою природную мужскую агрессию, задают вектор своей силе, следуя за «успешными» в их среде товарищами.

В результате юноша:

- стремится самоутвердиться за счёт других;

- привыкает прятать чувства и жить чужой жизнью;

- гонится за общестереотипными ценностями;

- использует свою энергию на банальное удовлетворение потребностей, а не на созидание и творение;

- или машет на себя рукой и сдаётся во власть «сильной женщины».

Ни о каком плодотворном союзе двух зрелых людей, мужчины и женщины речи не идёт. Потому что нет ещё этих зрелых мужчины и женщины!

Ответь на этот простой вопрос прямо сейчас.

Как, при каких обстоятельствах ты осознала себя девочкой, девушкой, а потом женщиной?

Ответ даст тебе возможность просканировать свою жизнь и задуматься «как проходило моё становление себя как женщины?» Может чего-то явно недостаёт, чтобы сделать переход и почувствовать себя Женщиной?

Итак, как же ты поняла, осознала себя девочкой, девушкой, женщиной? Ответь для себя! Отследи путь становления и развития твоей женственности.

С уважением и до скорой встречи, Мария Чичерюкина.

\*

Что нам нужно для достижения целей?

Здравствуй, уважаемая читательница.

Сегодня буду рассказывать про здоровое мужское начало в личности человека (не важно, кого, мужчины или женщины).

Несмотря на то, что мы женщины, мы живём в социальном мире, и мы ставим цели, хотим их достичь, и хотим, конечно, победить!

Делаем мы это за счёт здорового мужского начала!

Итак, что же нужно, чтобы наше мужское начало было способно достичь цели и добиться успеха?

Чтобы всё было достаточно наглядно, я разберу эту на тему на примере фильма «Триумф» или в оригинале «The Greatest Game Ever Played».

Ты замечала, наверно, что некоторые фильмы воодушевляют, не оставляют в покое, затрагивают какие-то глубинные струны души, и задают здоровую матрицу развития отношений, внутреннего становления. Это один из таких фильмов.

Я буду описывать факты и укажу, как они переплетаются с внутренним миром.

Р. Молодому человеку 20 лет, и у него талант к игре в гольф.

*Внутренний, пока ещё незрелый, анимус (мужское начало) находится в стадии созревания.*

Р. Отец всячески против его выбора, прогоняет из дома.

*Есть внутренние запреты на победу, на достижение цели. Есть страх не справиться.*

*Многим знакомые внутренние голоса «не вылезай», «сиди, где сидишь», «это не для тебя».*

*Даже в фильме отец объясняет сыну «надо долго и упорно трудиться и приносить деньги домой», «то чем ты занимаешься, не приносит денег, это не для нашего круга, я останавливаю тебя, так как хочу защитить».*

*Так и наши внутренние страхи защищают нас от проигрыша, от поражения, но и останавливают от новых достижений, не дают подняться на новый уровень развития (дохода, например).*

Р. Молодой человек перечит воле отца и участвует в турнире.

*Требуется некая внутренняя решимость, чтобы идти вслед на своей мечтой, доверять себе, слышать себя. Это момент сепарации от внутренних родительских фигур, момент преодоления установок. И риска, конечно, но это и есть взросление.*

Р. Мать молодого человека всячески поддерживает сына, следит за его успехами.

Она видит в сыне не только сына, но мужчину, способного принимать решения, нести ответственность за них, способного победить. И при этом она уважает и мужа, и сына. И как раз создаёт ту питательную целебную среду, в которой зреет мужское начало сына.

*Поддержка внутренней матери, благославляюшей на победу, верящей в твой успех весьма важна.*

<u>*Помечание – внутренняя мать не одно и то же, что внешняя, реальная мама. Это внутренняя фигура, которая может быть чем-то похожа на реальную маму, а может иметь совсем другие качества и иметь другой внешний вид.*</u>

    Р. Рядом с молодым человеком есть девушка, которая также верит в его победу, следит за его успехами и переживает за него.

*Каждому мужчине важно, чтобы его ждала и поддерживала женщина и готова была бы подпитать в нужный момент своей целебной энергией, своим спокойным, умиротворяющим присутствием.*

    Р. Примечательно, что рядом с главным героем ходит помощник, мальчик лет 11, который носит за ним клюшки, в самые важные моменты делает важные замечания, поддерживает, подбадривает.

Мне он напомнил такого мудрого старичка-лесовичка.

*Что ж, детский слой личности, наш внутренний ребёнок носит в себе огромные запасы позитива, мудрости, надежды и веры в светлое будущее. Важно только иметь хороший контакт со своим детским началом. Вспомните, насколько дети решительны, бесстрашны, когда хотят куда-то залезть, что-то достать. Для них нет авторитетов, есть цель!*

Вот лишь несколько принципиально важных моментов, которые помогают внутреннему мужчине (да и внешнему тоже) прийти к победе и триумфу!

- Следовать за СВОЕЙ мечтой (точно знать, чего ты хочешь).
- Иметь смелость отстаивать свои интересы.
- Бросать вызов авторитетам.
- Иметь поддержку от женского начала, питающего, целебного, взращивающего.
- Идти вперёд, даже когда терпишь неудачу.
- И наверно, всё-таки немного удачи…

P.S. Ещё на тему победы, преодоления неудач и веры в себя хорош фильм «Уимблдон».

Приятного, осознанного просмотра.

До скорых встреч. Мария Чичерюкина.

\*

Твоё самое опасное заблуждение!

Существует одна иллюзия – мне не надо знать ничего про мужской мир, мне бы с собой разобраться, со своей женственностью, поэтому ты читаешь книги и посещаешь семинары на тему «я женщина», «как быть королевой в постели», «почувствуй себя богиней» и т.д.

Это правильно, но… Чего не хватает. Второй половинки – мужской.

Ну что мне с того?

Про это ведь мужчины должны знать!

Во-первых, ты будешь знать, в каком направлении двигать своего мужчину.

Да, ты не ослышалась.

Именно ты, женщина, способствуешь развитию своего мужчины (мужа, любовника, начальника, сына).

И если ты будешь знать, на что способен мужчина и мужские энергии, ты будешь поощрять их развитие.

Во-вторых, только рядом с мужчиной можно в полной мере ощутить и почувствовать себя женщиной, 100%, тотально, без остатка. Точно так же, как ты различаешь белизну на чёрном фоне.

В-третьих, ты сможешь начать развитие твоей внутренней мужской части.

А вдруг это приведёт к тому, что я стану мужественной, потеряю свою женственность, если я начну взращивать своего внутреннего мужчину?

Как на странно, не приведёт.

Многолетняя психотерапевтическая практика показала: у «сильных» женщин, которые могут много зарабатывать, стоять у руля какой-то компании, предприятия, или всем помогать и быть первыми, оказывается на поверку Слабый Анимус (внутренний Мужчина). Он лишён сил, обесточен и обесценен.

Они как раз перегружают свою внутреннюю женскую структуру и платят за это депрессией, потерей радостей от жизни, отсутствием семейного или материнского счастья, болезнями, апатией.

Так как внутреннему мужчине нет доверия, то вся нагрузка ложится на плечи женского начала.

И мы видим перед собой «сильную» женщину, которая использует мужские стратегии поведения, давления, достижения, но при этом она не рада, ни себе, ни миру, ни мужчине рядом.

Контакт со своим внутренним мужским миром снимает внутреннее напряжение, происходит гармоничное и естественное распределение задач.

Женщина вновь способна почувствовать себя женщиной, передав бразды правления и часть ответственности своей внутренней мужской части!

До связи! С уважением, Мария Чичерюкина.

*

Какую роль в твоей жизни выполняет мужчина?

Я помню, что несколько лет назад мне приснился сон, в котором я говорила мужчинам вокруг, что я им не доверяю. Они очень возмущались и были недовольны.

На самом деле, во сне моё бессознательное сказало мне, в чём состоит моя проблема.

И пока моё недоверие к мужскому миру во мне существовало, я не могла пользоваться и наслаждаться мужской силой, энергией, опираться на самою себя.

Соответственно, мои контакты с мужчинами были ограничены, носили некий формальный характер.

И из-за этого я не могла проявить свои женские качества и свойства.

И я в себе и своих силах была очень не уверена, так как, проявляя недоверие к внешним мужчинам, я проявляла недоверие к своему внутреннему мужскому миру.

На что способны мужчины?

Пусть ответ сам придёт к тебе, без моей подсказки.

Я не буду сейчас описывать те ужасы, которые способны творить мужчины (да и женщины тоже).

Я хочу рассказать тебе о том, что существует определённая матрица развития мужской энергии.

Зная её, ты способна в правильном направлении поддерживать развитие твоего мужчины внешнего (мужа, сына, брата, коллеги, начальника) и твоего мужчины внутреннего.

А если твой внутренний мужчина зрел, развит, то помимо того, что в тебе проявляются такие же качества, как отвага, смелость, благородство, твой внешний мужчина автоматически подтягивается, так как стремится к росту, развитию и соответствию твоему духовному уровню.

Посмотри на своего внешнего мужчину. Он есть отражение тебя, твоего внутреннего мужского мира.

Если тебе не нравится то, что ты видишь, то начинай изменения с себя.

И если ты довольна, я уверена, что есть, к чему ещё стремиться.

До связи! С уважением и пожеланием гармонии, Мария Чичерюкина.

\*

Я очень начитанная, и очень несчастная!

Может, это не про тебя!

Может, я утрирую, однако я когда-то и сама такой была, и уверена, что ты вспомнишь из своего окружения подружек, коллег, знакомых женщин, которые являются:

- умными;
- образованными;
- начитанными;
- осознающими;
- вроде бы понимающими, чего хотят.

Но почему-то они несчастные:

- их бросают;

- мужчины не те попадаются;

- отношения быстро рушатся;

- одиночество уже надоело!

И как-то обидно до слёз, что такая умная, красивая, а по факту никому не нужная!

Что же такое со мной?

Я задавала себе такой вопрос несколько лет! Мне было реально страшно, что я так и останусь одна – красивая, умная, образованная и… одинокая!

Когда же я увижу свет в конце туннеля?

Но вроде есть ощущение, что ты что-то делаешь! Развиваешься!

Книги читаешь! Их так много сейчас, они все очень умные (я не шучу). В моей девичьей комнате целая библиотека по психологической, эзотерической литературе, что я только не читала!

И я очень многое почерпнула из тех книг, которыми напитывала свою душу, мозги, сердце, тело! Я благодарна тем авторам, которые помогли мне по-другому взглянуть на свою жизнь, на свою женскую природу и сексуальность! Но настоящие перемены начались, когда я начала:

- не только читать, но и применять, то, что прочла;
- когда я пошла на личную терапию;
- когда я вышла в люди и начала общаться, обмениваться опытом с разными людьми;
- пробовать, набивать шишки, анализировать, что я сделала так, а что не так!

Перемены начинаются с действия! Каков твой первый шаг?

С уважением, Мария Чичерюкина.

\*

Я ль на свете всех милее?

Бывает у меня такое, что я смотрю на себя в зеркало и понимаю, что сегодня я выгляжу не очень, то ли не выспалась, то ли устала просто, то ли ещё что…

И именно в этот момент так хочется ведь внимания, комплиментов!

И именно в этот момент я становлюсь очень зависимой от чужого мнения.

А бывает так, что я знаю, что сегодня просто неотразима, прекрасна (например, сделала новую причёску или обновила гардероб или просто такое потрясающее настроение, что вся кожа светится, а глаза блестят!).

Вот в такие моменты мне не надо слышать никаких комплиментов, но я их получаю и замечаю взгляды мужчин на себе.

И я как бы дарю миру свою красоту!

Что даришь миру ты?

На проведённом недавно фототренинге выяснилось, что достоинства свои не принято ценить, хвалить. А вот свои недостатки женщины знают досконально!

Если ты из числа таких женщин, вот тебе задание!

Сядь и напиши на бумаге от руки свои достоинства (внешние), что тебе в себе нравится.

Можно выбрать из списка или добавить что-то своё:

- овал лица;
- разрез глаз;
- лоб;
- брови;
- кожа;
- волосы (цвет, густота);
- форма носа;
- губы;
- подбородок;
- изгиб шеи;
- плечи;
- руки;
- кисти рук и пальчики;
- грудь;
- спина;
- животик;
- попа;
- бёдра;
- колени;
- лодыжки;
- стопы.

Если окажется, что ты даже не знаешь, а как там выглядит твой нос или как ты относишься к своим бёдрам, или какие чувства вызывают в тебе твои лодыжки, то самое время заняться собой!

Разденься и исследуй себя с помощью зеркала, полюбуйся собой!

А ещё обещала технику поднятия самооценки с помощью фотографии.

Мы смотрим на себя часто уже замыленным взглядом. Сделай по-другому!

Возьми свою недавнюю фотографию и посмотри на себя как на незнакомую женщину!

- Какие впечатления она у тебя вызывает?
- Что ты можешь сказать про её жизнь?
- Что бы ты ей посоветовала, порекомендовала относительно макияжа, причёски, внешнего вида, умения подать себя?

Удачного самоисследования и до скорых встреч.

С уважением, Мария Чичерюкина.

\*

Куда тебя загоняет стадное чувство красоты?

Предисловие.

Сегодня пошли с подругами в Пушкинский музей на выставку Сальвадора Дали. Нельзя сказать, что я большая его поклонница, но чем-то меня его картины привлекают.

Очередь опоясала музей уже с утра.

Мы продрогли, и где-то часа через два стояния в очереди я спросила себя «что я вообще здесь делаю? Я не проживу, если не попаду на эту выставку? Нет. Уровень моего культурного образования резко упадёт? Нет. Я лишусь чего-то очень важного? Нет.

Так чего же я здесь стою и мёрзну! «Ну вроде как все стоим, все же идут на эту выставку, наверное там что-то запредельное…» Однако куда лучше пойти и погулять по городу, благо погода располагает. Там мы и сделали и получили массу удовольствия и позитива. Но это решение далось мне с трудом «ведь все стояли и ждали!..»

«Все люди, как люди, а я…»

Каждая нормальная женщина хочет быть красивой и даже уже красива.

А если прямо сейчас, прочитав эти строки, ты сказала себе «нет, не каждая, я например, некрасива или не хочу быть красивой», то я скажу, что ты врёшь!

Любая женщина хочет быть красивой и уже красива!

Но есть в голове, да и в общественном сознании представления о том, что хорошо, что плохо, что красиво, а что не очень.

И ты живёшь, исходя из этих представлений, чаще всего не осознавая этого, потому что они встроены надёжно и давно!

И что получается?

- Ты ориентируешься на внешние, непонятно кем заданные критерии о красоте.
- Ты игнорируешь собственные особенности внешности (родинки, разрез глаз, пухлость губ) или наоборот прячешь, маскируешь их - «не дай бог заметят».
- Ты и других людей судишь согласно негласным критериям красоты - «он красивый, а он не очень, а тот и вовсе урод».
- Ты невольно сравниваешь себя с другими женщинами (раз есть критерии, то кто-то им соответствует, а кто-то нет). И если сравнение в твою пользу, ты ликуешь, а если нет, печалишься, злишься, огорчаешься.
- Ты боишься внешней оценки, боишься оказаться некрасивой, непривлекательной.
- Тебе важно получать постоянное подтверждение своей красоте, а если его не получаешь (внимания, комплиментов), тебе кажется, что ты разонравилась, что-то с тобой не так, тебе становится страшно!

Тебе нравится жить, когда тобой управляют навязанные кем-то мысли, чувства, идеи?

Если нет, то пора менять свои представления о красоте в общем и о своей красоте в частности!

Что ты передашь своим детям?

Мы все видели в музеях портреты дам в красивых платьях, гордых позах. Раньше не было фотоаппаратов, были только картины.

И поэтому запечатлеть себя можно было достаточно мучительным способом – надо было замереть на несколько часов перед мольбертом художника.

Сейчас всё гораздо проще! Есть профессиональные фотографы, есть фотостудии, есть фотошоп, наконец (но я не его любитель)!

Раньше фамильные картины развешивались по стенам дома, замка, и было видно фамильное древо «Вот это моя мать», «вот это моя бабушка»!

Что ты передашь своим детям?

- Есть ли у тебя фотографии, на которых ты неотразима?
- На которых ты нравишься самой себе?
- На которых хотя бы есть намёк на твою внутреннюю суть?
- Которые можно передать по наследству?

  Вот тебе предложение – найди фотографию, на которой ты себе нравишься, повесь на стену и любуйся! И пусть любуются все, кто её видят! Вперёд!

С уважением, Мария Чичерюкина.

\*

Я столько лет живу на свете, а до сих пор не знаю, какая я?

Эту фразу я слышала не раз от своих клиенток.

Многие женщины не привыкли, не умеют, бояться увидеть себя со стороны.

Встречали таких женщин?

А может быть ты одна из них?

Многие женщины живут, чему-то учатся, ищут работу, зарабатывают деньги, строят карьеру, находят мужчину, создают семью, рожают детей, воспитывают их.

А вот спросишь:

- «какая ты на самом деле?»
- «на что способна?»
- «чего хочешь от жизни?»
- «чего ждёшь от себя?»

И ступор, непонимание, а иногда и страх «а и правда, какая на самом деле?», «какой могу быть?».

И как было приятно и удивительно наблюдать на фототренинге, как женщины разных возрастов от 25 и до 60 лет вдруг начинают раскрываться перед фотокамерой, улыбаться, понимая, что вот оно, вот чего так не хватает, не достаёт в реальной жизни – свободы проявления себя!

Без страха, без осуждения, без прикрас!

Вот она я!

Если женщина начинает потихоньку доставать из подвала давно забытые качества, желания, стремления, то они обязательно начнут проявляться и действовать в отношениях с мужчинами, детьми, начальником, подчинёнными, друзьями.

И то, что раньше казалось сложным и недостижимым, может с лёгкостью удаваться!

До скорых встреч! С уважением, Мария Чичерюкина.

*

Как реально повысить свою самооценку?

Каждая Женщина в душе знает, чего она заслуживает и чего достойна!

Именно поэтому мы мечтаем о лучшей жизни, стремимся к самосовершенствованию, не довольствуемся малым.

Я прошла кучу тренингов и много раз делала упражнения из серии «моё будущее», «мой идеальный лайф-стайл». Я знаю, к какому будущему я иду, я ощущаю, хорошо представляю его себе!

Но иногда хочется сказать «почему изменения наступают так медленно или происходит совсем не то, что я хочу?».

И вот, что я отследила!

Женщины, как правило, делают 3 ошибки (надеюсь, вы их не делаете или перестанете их совершать):

- во-первых, просто не умеют ждать (заказ во Вселенную получен сейчас, а реально он будет выполнен только через 5 лет), многие не готовы двигаться в заданном направлении так долго;

-во-вторых, не знают, точнее не помнят, что «путь длиной в тысячу ли начинается с одного шага», и вот Женщина, представляя себя в объятиях мужчины в прекрасном доме, финансово свободной, просто ничего для этого не делает;

То ли считает, что само собой всё должно свершиться, то ли боится (что вероятнее всего по моим наблюдениям) сделать хоть один маленький шажок на пути реализации своей цели.

Ведь цель так огромна, что даже пугает своими масштабами!

В-третьих, Женщина мечтать-то мечтает, но только её самооценка (закостенелое представление о себе) мешает двигаться в нужном направлении. Возникает такой предательский голос, мол, «куда тебе?» или «ты, что, правда, поверила, что всего этого достойна?» или «у тебя ничего не получится, даже не пробуй»

И вот проработка третьего момента – штука наиболее важная!

Потому что твоё представление о себе даёт не только направление (в какую сторону двигаться), но и каким способом и с какой скоростью двигаться.

Как реально проработать свою самооценку, а не просто повторять перед зеркалом фразы «я самая обаятельная и привлекательная?»

1. Сформулировать для себя, каких целей ты достигнешь, какой станет твоя жизнь с адекватной, зрелой самооценкой. Просто помечтай и позволь образу проникнуть в тебя.

2. Определить первые шаги, которые ты сделаешь уже сегодня-завтра (кому позвонишь, куда пойдёшь, с кем встретишься и т.д.)

3. Остаться на своём пути и найдёшь в себе силы двигаться дальше, даже если будешь делать ошибки и терпеть поражения.

Первый пункт ты можешь проработать самостоятельно прямо сейчас!

Выдели определённую сферу жизни (карьера, отношения), в которой в данный момент у тебя трудности и представь, какой будет жизнь, если твоя самооценка является зрелой и адекватной (не заниженной и не завышенной).

Гармонии тебе с собой!

С уважением, Мария Чичерюкина.

\*

Быть дурочкой! Всегда ли это плохо?

Продолжу тему женской самооценки, т.к. это та основа, на которой базируются:

- твоя сексуальность;
- твоя активность и смелость в проявлении и предъявлении себя миру;
- твои отношения с мужчиной.

Замечаю одну интересную тенденцию у современных женщин (и у себя тоже) – это болезнь всезнайства и излишней рациональности!

Мы много знаем, умеем, умеем планировать, ставить цели и т.д.

Но вот когда настаёт время применять полученные знания, действовать, то мы:

- тушуемся, боимся;
- останавливаем себя от действия, убеждаем в его рискованности;
- или пытаемся предугадать, а что ждёт нас в будущем, а каких результатов мы достигнем, какие гарантии имеем!

И это касается всего – искусства быть Женщиной, флирта, кокетства, построения карьеры, отношений в паре, своих увлечений!

И пока мы в раздумье, шанс проявить себя, развить, познакомиться с кем-то, уже упущен!

Как же этого избежать и просто жить так, как велит тебе твоя душа?

Этот метод можете подойти не каждой, но попробовать точно стоит!

Вчера посмотрела в очередной раз «Форреста Гампа» и тут до меня дошло, наверно тоже в очередной раз!

Этот человек (пусть и вымышленный персонаж) жил так, как велела ему душа, тело.

Когда он хотел бежать, он вставал и бежал, когда был голоден, просто ел, когда хотел спать или признаваться в любви, то именно это он и делал и…ВНИМАНИЕ!

Он не задумывался, к чему это его приведёт!

А ещё, он точно не беспокоился, что подумают о нём люди, и точно ли он сможет сделать то, что задумал!

Он просто действовал!

А наша самооценка – это ведь не просто наши мысли о себе как о Женщине, о личности, но мысли, подкреплённые результатом!

А результат можно получить только действуя!

И вот какой эксперимент я предлагаю сделать!

Завтра, в течение дня, веди себя так, как будто ты дурочка (Форрест Гамп в женском обличии).

Не думай, а просто иди за своими желаниями и делай! Хочешь попеть – пой, хочешь потанцевать – танцуй, хочешь сказать кому-то комплимент – скажи! Пусть это будет некой игрой! Главное – получи опыт раскрепощения себя!

Страшно? Это естественно!

Но оговорюсь сразу, эксперимент только для Женщин, смелых и желающих наконец-то скинуть с себя оковы ума, рациональности!

И для тех, кто знает, что их излишний ум мешает им проявить свою истинную природу!

Гармонии тебе с собой! С уважением, Мария Чичерюкина.

\*

Умница и дурочка.

Здравствуй, уважаемая читательница.

Прошлая тема про позволение себе быть дурочкой имела большой резонанс и отклик!

Тот, кто не смотрел «Форреста Гампа» пошли его смотреть или пересматривать!

Я увидела два противоположных мнения по поводу того, как можно смотреть на мир и проблемы:

1-е мнение – быть дурочкой или казаться таковой опасно и боязно. Главная эмоция – страх!

2-е мнения – как здорово, что можно поиграть, сбросить с себя оковы рациональности хотя бы на день в качестве игры! Главная эмоция – радость!

Если ты своё мнение угадываешь в вышеперечисленных, то скажу что, в первом случае есть страх, что тебя таковой и сочтут и будут воспринимать как недалёкую, несерьёзную и т.д. И поэтому самое страшное – произвести впечатление дурочки!

И этот страх толкает на то, чтобы всячески избегать, скрывать свою «глупость» (вместо слова «глупость» читай «бессилие, беспомощность, слабость, некомпетентность, незнание чего-либо»).

Во втором случае есть тенденция к тому, чтобы брать на себя много лишней ответственности, всё просчитывать, иметь готовые ответы на все вопросы!

Поэтому возможность побыть где-то наивной, не за всё отвечающей, очень актуальна для многих женщин!

А истина как всегда где-то посередине!

Используй по максимуму свой потенциал, получая всё, что ты можешь получить! А если что-то не получается, не удаётся, то позволь этому просто случиться!

Позволь себе быть разной!

Гармонии тебе с собой!

С уважением, Мария Чичерюкина!

*

Женщина – непознанный космос! Пора осваивать!

Да простят меня мужчины и пусть не обвиняют меня в сексизме, но…во все времена женщина обладала и обладает огромной силой, мощью, энергией!

- Именно поэтому женщина даёт жизнь, взращивает, питает.
- Именно поэтому из-за женщин дрались на дуэли, устраивали войны.
- Именно поэтому на женщин устраивали средневековую охоту, так называемую "охоту на Ведьм".

Женщина - это целый космос!

И если она саму себя не знает, то и с мужчиной иногда строятся отношения на позиции "я маленькая девочка - сама не знаю, чего хочу" или "я строгая мама, я лучше знаю..." или "я так зла на всех мужчин, я им всем отомщу" или "нельзя показывать свою симпатию и чувства, пусть он лежит у моих ног".

И в результате, какие отношения получаются? Без доверия, уважения, отношения, которые строятся на лжи, превосходстве, желании что-то кому-то доказать или на самоуничижении!

И женщина либо не подозревает о своей внутренней животворящей энергии (и от того не ценит себя, ищет признания на стороне – женщина-жертва), либо злоупотребляет ею (роковая женщина, которая соблазняет, губит).

А ведь если представить, что женщина (то есть ты довольна своей жизнью, счастлива, спокойна, наполнена любовью, радостью, нежностью).

Даже если прямо сейчас это не так, то представь, что это может быть так!

- И представь, как себя чувствует мужчина, находящийся рядом!
- Как он смотрит на тебя?
- Что он хочет сделать для такой женщины, на что готов ради неё?

И не надо никаких ухищрений, надо просто любить себя!

И любовь, которая есть в каждой женщине, заструится в сторону мужчины. И мужчина захочет быть рядом с тобой!

До встречи в просторах интернет!

С уважением, Мария Чичерюкина.

\*

Богиня, которая живёт в тебе!

Ты, наверное, замечала, как интернет и журнальные статьи так и пестрят заголовками «Стань Королевой!», «Открой в себе Богиню» и т.д.

Это всё говорит об интересе к женской природе с одной стороны, а с другой стороны, никто так и не объясняет и не учит – так как же стать "Королевой" или "Богиней"?

И красивые заголовки так и остаются красивой обёрткой!

Звучит-то заманчиво!

Но также вряд ли Вам кто-то говорил, что такие категории, как «Богиня» и «Королева» относятся к высшему пилотажу, к самому высокому уровню развитию женственности!

Ведь в идеале, кто такая настоящая женщина?

Это та, которая:

- сотворит мужчине (не творит, а сотворит) (уровень внутренней Богини);
- вдохновляет его и людей вокруг;
- исцеляет пространство и наполняет его любовью;
- дарит, причём не ожидая что-то взамен (уровень внутренней Феи);
- преобразует;
- управляет (уровень внутренней Королевы);
- взращивает (причём не обязательно детей, а проекты, идеи) (уровень внутренней Жены-Матери).

Правда, красиво?

И я уверена, что каждая женщина хочет дорасти до такого уровня!

Что мы часто видим в жизни и замечаем у себя:

- недоверие к мужчинам, к их силе, уму, логике;
- желание проконтролировать, сделать самой (негативный полюс внутренней Жены-Матери);
- неуважение к мужским желаниям, потребностям;
- накопленную обиду, злость (негативный полюс внутренней Ведьмы);
- желание отомстить, доказать, выиграть конкуренцию с мужчинами (негативный полюс внутренней Амазонки);
- тенденции пожертвовать своим временем, телом, желаниями, лишь бы заслужить внимание мужчины (негативный полюс внутренней Гейши).

А если представить, что внутренняя Ведьма позитивна и внутренние подвалы, наполненные злостью, ненавистью, желанием мести, освобождены!

Открыт доступ к своей сексуальности, к своей природной мудрости и интуиции, к свободе самовыражения! (Помните, как у Булгакова «Свободна-а-а!!!»).

Представьте себе позитивную (не соревнующуюся, а сотрудничающую с мужчиной) внутреннюю Амазонку!

Любой мужчина рад видеть рядом с собой подругу, которая готова в трудную минуту поддержать и помочь!

Представьте себе позитивную внутреннюю Гейшу!

Такая женщина умеет соблазнять, очаровывать, украшать собою пространство, создавать уют, комфорт. Какой же мужчина не захочет отдыха, расслабление рядом с красивой, ухоженной, интересной (специально не пишу слово «умной») женщиной!

Представьте себе позитивную внутреннюю Жену-Мать!

Это 4-й уровень развития женственности, на котором женщина уже имеет все вышеперечисленные способности и знания.

Она создаёт союз с мужчиной! Она уже приобретает статус жены, матери, владелицы дома. Она имеет доступ и к внутренним знаниям, и к своей силе, ловкости, и к своей сексуальности и эротичности!

Следующий уровень – Королева!

Женщина, которая достойна только самого лучшего! И она не задирает вверх нос, она просто это знает. Такую женщину хочется защищать, оберегать и носить на руках!

Фея – уровень, когда у женщины так много всего (знаний, опыта, материальных вещей, мудрости), что она одаривает всех окружающих, исцеляет только своим присутствием!

И уже потом, и только потом, Богиня!

Одно слово и мысль, с помощью которой способны влиять на судьбы людей, поколений. Это совсем другой масштаб преобразований! И огромная скорость влияния.

Вспомните, когда только подумала, а уже исполняется – это пробудилась внутренняя Богиня!

Всё, что я здесь написала, не бред, не эзотерические сказки, а реально работающий подход, который я практикую, и эффективность которого доказана уже давно на опыте тысяч женщин.

Ибо так в нашей психике идёт развитие и становление внутренней женственности: Ведьма - Амазонка - Гейша - Жена-Мать - Королева - Фея - Богиня.

Причём, хочу заметить, когда женщина достигает уровня Богиню, то она включает в себя все предыдущие позиции, то есть:

- она владеет свободой и независимостью Ведьмы;

- обладает отвагой и целеустремлённостью Амазонки;

- у неё есть эротизм, артистичность Гейши;

- она умеет сотворить мужчине и заключать плодотворный союз с мужчиной, как Жена-Мать;

- она правит, управляет, указывает и ценит себя как Королева;

- она умеет исцелять, дарить как Фея.

И наконец, достигнув вершины Богини, женщина способна только словом, мыслью изменять судьбы тысяч, миллионов людей!

С уважением и пожеланием внутренней гармонии и любви к себе, Мария Чичерюкина (материал этой статьи подготовлен на основе книги Татьяны Василец «Мужчина и женщина. Тайна сакрального брака»).

Послесловие.

Я очень буду рада, если что-то из прочитанного поможет Вам по-новому взглянуть на ситуацию, улыбнуться, почувствовать, что жизнь прекрасна, а все проблемы можно разрешить.

Жизнь продолжается, и если мне будет позволено, я представлю новый материал, который поможет сделать нашу жизнь чуточку осознаннее, насыщеннее и счастливее.

Желаю света в душе и ясности в мыслях!

С уважением, Мария Чичерюкина.

# i want morebooks!

Покупайте Ваши книги быстро и без посредников он-лайн – в одном из самых быстрорастущих книжных он-лайн магазинов! окружающей среде благодаря технологии Печати-на-Заказ.

Покупайте Ваши книги на
## www.more-books.ru

Buy your books fast and straightforward online - at one of world's fastest growing online book stores! Environmentally sound due to Print-on-Demand technologies.

Buy your books online at
## www.get-morebooks.com

VDM Verlagsservicegesellschaft mbH
Heinrich-Böcking-Str. 6-8　　Telefon: +49 681 3720 174　　info@vdm-vsg.de
D - 66121 Saarbrücken　　　Telefax: +49 681 3720 1749　　www.vdm-vsg.de

Printed by Books on Demand GmbH, Norderstedt / Germany